Bucătăria Fără Carbohidrați

Rețete Delicioase pentru O Viață Sănătoasă

Ana Ionescu

Conținut

Un mic dejun grozav într-un pahar 7
Quiche delicioasă cu pui... 9
Ouă și friptură delicioase.. 11
Omletă de pui uimitoare 13
Un simplu bol pentru smoothie 15
Omletă cu brânză feta 17
Friptură la micul dejun... 19
Salata de ton la micul dejun... 21
O salată uimitoare de mic dejun într-un borcan..................................... 23
Naan delicios și pâine cu unt... 25
Rețete de prânz cetogenic... 27
Salată Caesar la prânz 28
Tacos de prânz.. 29
Pizza delicioasă la prânz 31
Rulouri de pizza simple.. 33
O farfurie delicioasă pentru prânz 35
Un prânz mexican delicios 38
Pranz din ardei umpluti 40
Specialitate cu hamburger la prânz... 42
Un burger diferit... 44
Un preparat delicios de dovlecei 47
Salata cu bacon si taitei de dovlecel 49
Uimitoare salata de pui 51
Salată de friptură uimitoare... 53
Salată de pui și fenicul la prânz 55
Avocado simplu umplut... 57
Salata pesto de pui.. 59
O salată delicioasă pentru prânz 61
Prăjituri ușoare de crab pentru prânz... 63
Briose simple pentru prânz 65
Plăcintă de porc pentru prânz 67
Pate delicios pentru prânz 70

Supa delicioasă pentru prânz 72
Supă delicioasă de nucă de cocos 74
Supă cu tăiței cu dovlecei 76
Prânz delicios cu curry 78
Rulouri cu spanac pentru prânz 81
Un preparat delicios din carne 83
Chiftele și pilaf 85
Supa delicioasa de broccoli 88
Prânz Salată de fasole verde 90
Supa de dovleac 92
Caserolă delicioasă cu fasole verde 94
Salată de mere pentru un prânz simplu 97
Varza de Bruxelles gratinata 99
Un prânz simplu cu sparanghel 102
Paste simple cu creveți 104
O caserolă mexicană uimitoare 106
Frigarui grozave de bacon si ciuperci 108
supă simplă de roșii 110
Cârnați înveliți în slănină 112
Bisque de homar la prânz 114
Salată halloumi simplă 116
Tocană la prânz 118
Pui și creveți 120
Supă verde 122
Salata caprese 124
supa de somon 126
Uimitoare ciorbă de căptușeală 128
Rețete pentru garnituri keto 130
kimchi simplu 131
O garnitură delicioasă de fasole verde 133
Terci simplu de conopidă 135
Ciuperci Portobello delicioase 137
Garnitura de varza de Bruxelles 139
Pesto delicios 141
Varza de Bruxelles si bacon 143
O garnitură delicioasă cu spanac 145

Cartofi prajiti grozavi cu avocado	147
Conopidă simplă prăjită	149
Garnitura de ciuperci si spanac	151
Roșii și bame delicioase	153
Mazăre și mentă uimitoare	155
Decorați cu verdeață	157
Garnitura de vinete si rosii	159
Broccoli cu lamaie si unt de migdale	161
Broccoli simplu înăbușit	163
Ceapa prajita usor	165
Dovlecel fiert	167
Delicioase smog elvețieni prăjiți	169
Salată delicioasă de ciuperci	171
salată grecească	173
ketchup	175
Salata de vara	177
Roșii și Bocconcini	179
Salată de castraveți și curmale	181
O salată simplă de vinete	183
Salată specială	185
Salata speciala de andive si nasturel	187
Salată indiană pe lângă	189
Chutney de mentă indiană	191
Chutney indian de nucă de cocos	193
Chutney ușor de tamarind	195
Ardei caramelizat	197
Chard caramelizat	199
O garnitură specială de vară de kale	201
Uimitoare salată de varză	203
Varză simplă prăjită	205
Fasole verde delicioasă și avocado	207
Cartofi prajiti deliciosi cu napi	209
O garnitură irlandeză fantastică	211
Dovlecel copt de două ori	213
sos delicios	215
Pilaf de ciuperci și cânepă	217

Salata asiatica.. 219

Un mic dejun grozav într-un pahar

Nu te obosi să faci ceva complicat la micul dejun! Încercați această băutură keto uimitoare!

Timp de preparare: 3 minute.
Timp de preparare: 0 minute.
Porții: 2

Ingrediente:

- 10 uncii de lapte de cocos conservat
- 1 cană din legumele tale preferate
- ¼ cană boabe de cacao
- 1 cană de apă
- 1 cană de cireșe congelate
- ¼ cană pudră de cacao
- 1 avocado mic fără sâmburi și decojit
- ¼ linguriță de turmeric

Adrese:

1. În blender, combinați laptele de cocos cu avocado, pudra de cacao, cireșele și turmeric și amestecați bine.
2. Se adauga apa, frunzele verzi si boabele de cacao, se amesteca inca 2 minute, se toarna in pahare si se serveste.

Să te bucuri!

Cura de slabire: calorii 100, grăsimi 3, fibre 2, carbohidrați 3, proteine 5

Quiche delicioasă cu pui

Este atât de delicios încât vei comanda mai multe!

Timp de preparare: 10 minute.

Timp de preparare: 45 minute.

Porții: 5

Ingrediente:

- 7 oua
- 2 căni de făină de migdale
- 2 linguri de ulei de cocos
- Sare si piper negru dupa gust
- 2 dovlecei rasi
- ½ cană smântână groasă
- 1 lingurita de seminte de fenicul
- 1 lingurita de oregano uscat
- 1 kilogram de pui măcinat

Adrese:

1. Într-un robot de bucătărie, combinați făina de migdale cu un praf de sare.
2. Se adauga 1 ou si uleiul de cocos si se amesteca bine.

3. Punem aluatul intr-o forma de tort unsa cu unt si il presam bine in fund.
4. Se incinge tigaia la foc mediu, se adauga carnea de pui, se prajeste cateva minute, se ia de pe foc si se lasa deoparte.
5. Într-un castron, amestecați 6 ouă cu sare, piper, oregano, smântână și semințele de fenicul și bateți bine.
6. Adăugați carnea de pui și amestecați din nou.
7. Se toarnă într-o crustă de plăcintă, se întinde, se pune la cuptor la 350 de grade F și se coace timp de 40 de minute.
8. Lăsați tortul să se răcească puțin înainte de a tăia și servi la micul dejun!

Să te bucuri!

Cura de slabire: calorii 300, grăsimi 23, fibre 3, carbohidrați 4, proteine 18

Ouă și friptură delicioase

Aceasta este atât de delicioasă și de sățioasă! Încearcă asta mâine la micul dejun!

Timp de preparare: 10 minute.
Timp de preparare: 10 minute.
Porții: 1

Ingrediente:

- 4 uncii de mușchi
- 1 avocado mic, fără sâmburi, decojit și feliat
- 3 ouă
- 1 lingura de ghee
- Sare si piper negru dupa gust

Adrese:

1. Încinge o tigaie cu ghee la foc mediu, sparge ouăle în tigaie și gătește după dorință.
2. Se condimentează cu sare și piper, se ia de pe foc și se transferă pe o farfurie.
3. Se încălzește o altă tigaie la foc mediu, se adaugă mușchiul, se fierbe 4 minute, se ia de pe foc, se lasă să se răcească și se taie fâșii subțiri.

4. Se adauga sare si piper dupa gust si se adauga in oua.
5. Adăugați felii de avocado în lateral și serviți.

Să te bucuri!

Cura de slabire: calorii 500, grăsimi 34, fibre 10, carbohidrați 3, proteine 40

Omletă de pui uimitoare

Are un gust uimitor și arată fantastic! Este perfect!

Timp de preparare: 10 minute.

Timp de preparare: 10 minute.

Porții: 1

Ingrediente:

- 1 uncie de pui fript, tocat
- 1 lingurita de mustar
- 1 lingura de maioneza de casa
- 1 rosie tocata
- 2 felii de bacon, fierte si maruntite
- 2 oua
- 1 avocado mic, fără sâmburi, decojit și tocat
- Sare si piper negru dupa gust

Adrese:

1. Într-un castron, amestecați ouăle cu puțină sare și piper și bateți-le ușor.
2. Se incinge tigaia la foc mediu, se stropeste cu putin ulei, se adauga ouale si se fierbe omleta 5 minute.

3. Adăugați pui, avocado, roșii, bacon, maioneză și muștar la jumătate din tortilla.
4. Îndoiți tortilla, acoperiți tigaia și gătiți încă 5 minute.
5. Transferați pe o farfurie și serviți.

Să te bucuri!

Cura de slabire: calorii 400, grăsimi 32, fibre 6, carbohidrați 4, proteine 25

Un simplu bol pentru smoothie

Este una dintre cele mai bune idei de mic dejun keto!

Timp de preparare: 5 minute.
Timp de preparare: 0 minute.
Porții: 1

Ingrediente:

- 2 cuburi de gheata
- 1 lingura de ulei de cocos
- 2 linguri de smântână groasă
- 1 cană spanac
- ½ cană lapte de migdale
- 1 lingurita de pudra proteica
- 4 zmeura
- 1 lingura de nuca de cocos rasa
- 4 nuci
- 1 lingurita de seminte de chia

Adrese:

1. În blender, amestecați laptele cu spanacul, smântâna, gheața, pudra proteică și uleiul de cocos, amestecați bine și transferați într-un bol.

2. Acoperiți bolul cu zmeură, nucă de cocos, nucă și semințe de chia și serviți.

Să te bucuri!

Cura de slabire: calorii 450, grăsimi 34, fibre 4, carbohidrați 4, proteine 35

Omletă cu brânză feta

Combinația de ingrediente este pur și simplu minunată!

Timp de preparare: 10 minute.

Timp de preparare: 10 minute.

Porții: 1

Ingrediente:

- 3 ouă
- 1 lingura de ghee
- 1 uncie de brânză feta, mărunțită
- 1 lingură de smântână groasă
- 1 lingura de pesto in borcane
- Sare si piper negru dupa gust

Adrese:

1. Într-un castron, amestecați ouăle cu smântâna groasă, sare și piper și bateți bine.
2. Se încălzește o tigaie cu ghee la foc mediu, se adaugă ouăle bătute, se întind peste tigaie și se gătește omleta până se desfășoară.

3. Presărați omleta cu brânză și întindeți-o cu pesto, împăturiți-o în jumătate, acoperiți tigaia și gătiți încă 5 minute.
4. Transferați tortilla pe o farfurie și serviți.

Să te bucuri!

Cura de slabire: calorii 500, grăsimi 43, fibre 6, carbohidrați 3, proteine 30

Friptură la micul dejun

Merită să încerci cât mai curând!

Timp de preparare: 10 minute.
Timp de gătire: 35 minute.
Porții: 4

Ingrediente:

- 1 lingurita de ghee
- 1 cap mic de ceapa galbena, tocata
- 1 kilogram de cârnați dulce, tocat
- 6 ouă
- 1 cană brânză cheddar, rasă
- 4 uncii de brânză cremă, moale
- Sare si piper negru dupa gust
- 2 linguri de arpagic tocat

Adrese:

1. Într-un castron, amestecați ouăle cu sare, piper, ceapa, chorizo și jumătate din smântână și bateți bine.
2. Ungeți chifla cu ghee, turnați amestecul de cârnați și ouă, puneți la cuptor la 350 de grade F și coaceți timp de 30 de minute.

3. Scoatem chifla din cuptor, lasam sa se odihneasca cateva minute, intindem deasupra restul de crema de branza si presaram cu arpagic si branza cheddar.
4. Puneți friptura la cuptor și coaceți încă 5 minute.
5. După expirarea timpului, prăjiți pâinea timp de 3 minute, lăsați-o să se răcească puțin, feliați și serviți.

Să te bucuri!

Cura de slabire: calorii 560, grăsimi 32, fibre 1, carbohidrați 6, proteine 45

Salata de ton la micul dejun

Veți adora acest mic dejun keto de acum înainte!

Timp de preparare: 10 minute.

Timp de preparare: 0 minute.

Porții: 4

Ingrediente:

- 2 linguri de smantana
- 12 uncii de ton în ulei de măsline
- 4 praz, tocat mărunt
- Sare si piper negru dupa gust
- Un praf de fulgi de chili
- 1 lingura de capere
- 8 linguri de maioneză de casă

Adrese:

1. Puneti tonul cu capere, sare, piper, praz, chili, smantana si maioneza intr-un bol de salata.
2. Se amestecă bine şi se serveşte cu crusta de pâine.

Să te bucuri!

Cura de slabire: calorii 160, grăsimi 2, fibre 1, carbohidrați 2, proteine 6

O salată uimitoare de mic dejun într-un borcan

Puteți purta asta chiar și la birou!

Timp de preparare: 10 minute.
Timp de preparare: 0 minute.
Porții: 1

Ingrediente:

- 1 uncie din legumele tale preferate
- 1 uncie ardei roșu tocat
- 1 uncie roșii cherry, tăiate în jumătate
- 4 uncii de pui fript, tocat
- 4 linguri ulei de masline extravirgin
- ½ ceapă tocată
- 1 uncie castravete tocat
- Sare si piper negru dupa gust

Adrese:

1. Într-un castron, amestecați legumele cu boia de ardei, roșii, arpagic, castraveți, sare, piper și ulei de măsline și amestecați pentru a se îmbrăca bine.

2. Transferați-l într-un borcan, acoperiți cu bucăți de pui și serviți la micul dejun.

Să te bucuri!

Cura de slabire: calorii 180, grăsimi 12, fibre 4, carbohidrați 5, proteine 17

Naan delicios și pâine cu unt

Încearcă acest mic dejun keto special! Este atât de ușor de făcut!

Timp de preparare: 10 minute.
Timp de preparare: 10 minute.
Porții: 6

Ingrediente:

- 7 linguri de ulei de cocos
- ¾ cană de făină de cocos
- 2 linguri de pulbere de psyllium
- ½ linguriță de praf de copt
- Adăugați sare după gust
- 2 căni de apă fierbinte
- Puțin ulei de cocos pentru prăjit
- 2 catei de usturoi, tocati
- 3,5 uncii de ghee

Adrese:

1. Se amestecă făina de cocos cu praful de copt, sarea și praful de psyllium într-un castron și se amestecă.
2. Adaugati 7 linguri de ulei de cocos si apa fierbinte si incepeti sa framantati aluatul.

3. Se lasa sa se odihneasca 5 minute, se imparte in 6 bile si se aplatizeaza pe suprafata de lucru.
4. Se încălzeşte o tigaie cu puţin ulei de cocos la foc mediu, se adaugă pâinea naan în tigaie, se prăjeşte până devin aurii şi se transferă pe o farfurie.
5. Se încălzeşte o tigaie cu ghee la foc mediu, se adaugă usturoi, sare şi piper, se amestecă şi se fierbe timp de 2 minute.
6. Întindeţi acest amestec pe pâinea naan şi turnaţi restul într-un castron.
7. Serviţi dimineaţa.

Să te bucuri!

Cura de slabire: calorii 140, grăsimi 9, fibre 2, carbohidraţi 3, proteine 4

Rețete de prânz cetogenic

Salată Caesar la prânz

Este plin de elemente sănătoase și este 100% keto!

Timp de preparare: 10 minute.
Timp de preparare: 0 minute.
Porții: 2

Ingrediente:

- 1 avocado, fără sâmburi, decojit și feliat
- Sare si piper negru dupa gust
- 3 linguri de dressing cremos Caesar
- 1 cană de bacon, fiartă și mărunțită
- 1 piept de pui fript si feliat

Adrese:

1. Într-un castron de salată, combinați avocado cu slănina și pieptul de pui și amestecați.
2. Adaugati dressingul Caesar, sare si piper, amestecati, impartiti in 2 boluri si serviti.

Să te bucuri!

Cura de slabire: calorii 334, grăsimi 23, fibre 4, carbohidrați 3, proteine 18

Tacos de prânz

O idee pentru un prânz ușor și gustos pentru toți cei care urmează o dietă ketogenă!

Timp de preparare: 10 minute.
Timp de preparare: 25 minute.
Porții: 3

Ingrediente:

- 2 căni de brânză cheddar rasă
- 1 avocado mic, fără sâmburi, decojit și tocat
- 1 cană din carnea taco preferată, gătită
- 2 lingurite de sos sriracha
- ¼ cană de roșii măruntite
- spray de gatit
- Sare si piper negru dupa gust

Adrese:

1. Stropiți puțin ulei de gătit pe o tavă tapetată.
2. Întindeți brânza cheddar pe o foaie de copt, puneți-l într-un cuptor la 400 de grade F și coaceți timp de 15 minute.

3. Întindeți carnea de taco peste brânză și coaceți încă 10 minute.
4. În acest timp, amestecați avocado cu roșiile, sosul sriracha, sare și piper într-un bol și amestecați.
5. Întindeți-l peste straturile de tacos și cheddar, lăsați tacosul să se răcească puțin, tăiați cu un tăietor de pizza și serviți la prânz.

Să te bucuri!

Cura de slabire: calorii 400, grăsimi 23, fibre 0, carbohidrați 2, proteine 37

Pizza delicioasă la prânz

Vă recomandăm să încercați această pizza keto la prânz astăzi!

Timp de preparare: 10 minute.
Timp de preparare: 7 minute.
Porții: 4

Ingrediente:

- 1 cană amestec de brânză pizza, rasă
- 1 lingura de ulei de masline
- 2 linguri de ghee
- 1 cană de brânză mozzarella, rasă
- ¼ cană brânză mascarpone
- 1 lingură de smântână groasă
- 1 lingurita de usturoi tocat
- Sare si piper negru dupa gust
- Un praf de piper lamaie
- 1/3 cană buchețele de broccoli, fierte la abur
- Puțină brânză Asiago, ras pentru a servi

Adrese:

1. Se incinge o tigaie cu ulei la foc mediu, se adauga amestecul de branza pentru pizza si se intinde in cerc.

2. Adăugați brânză mozzarella și distribuiți de asemenea în cerc.
3. Gatiti totul timp de 5 minute si transferati pe o farfurie.
4. Se încălzește o tigaie cu ghee la foc mediu, se adaugă brânza mascarpone, smântână, sare, piper, lămâie și usturoi, se amestecă și se fierbe timp de 5 minute.
5. Stropiți jumătate din acest amestec peste crusta de brânză.
6. Adăugați buchețelele de broccoli în tigaie cu restul amestecului de mascarpone, amestecați și gătiți timp de 1 minut.
7. Adăugați asta peste partea de sus a pizza, stropiți cu brânză Asiago la sfârșit și serviți.

Să te bucuri!

Cura de slabire: calorii 250, grăsimi 15, fibre 1, carbohidrați 3, proteine 10

Rulouri de pizza simple

Acestea au un gust atât de divin! Sunt atât de uimitoare!

Timp de preparare: 10 minute.
Timp de preparare: 30 minute.
Porții: 6

Ingrediente:

- ¼ cană ardei roșu și verde, tocat
- 2 cani de branza mozzarella, rasa
- 1 lingurita de condimente pentru pizza
- 2 linguri de ceapa tocata
- 1 rosie tocata
- Sare si piper negru dupa gust
- ¼ cană sos de pizza
- ½ cană cârnați, mărunțiți și fierți

Adrese:

1. Răspândiți brânza mozzarella pe o foaie de copt tapetată, ușor unsă, presărați condimente pentru pizza deasupra, puneți la cuptorul la 400 de grade F și coaceți timp de 20 de minute.

2. Scoatem aluatul de pizza din cuptor, intindem peste el carnati, ceapa, ardeiul si rosiile si la final stropim cu sos de rosii.
3. Reveniți la cuptor și coaceți încă 10 minute.
4. Scoateți pizza din cuptor, lăsați-o câteva minute, tăiați-o în 6 părți, rulați fiecare parte și serviți-o la prânz.

Să te bucuri!

Cura de slabire: calorii 117, grăsimi 7, fibre 1, carbohidrați 2, proteine 11

O farfurie delicioasă pentru prânz

Obțineți toate ingredientele de care aveți nevoie și pregătiți acest prânz keto uimitor cât mai curând posibil!

Timp de preparare: 10 minute.

Timp de preparare: 15 minute.

Porții: 2

Ingrediente:

- 1 cană și jumătate de brânză cheddar, rasă
- 1 cană și jumătate de amestec de brânză
- 2 carnati de vita, tocati marunt
- Puțin ulei de măsline
- 1 kilogram carne de vită, măcinată
- Sare si piper negru dupa gust
- ¼ lingurita boia
- ¼ de linguriță de frunze de dafin vechi
- ¼ lingurita praf de ceapa
- ¼ linguriță de usturoi pudră
- 1 cana frunze de salata verde tocata
- 1 lingură de dressing insular
- 2 linguri muraturi tocate
- 2 linguri de ceapa galbena tocata
- ½ cană brânză americană, rasă

- Puțin sos de roșii de servit
- Puțin muștar de servit

Adrese:

1. Se incinge o tigaie cu putin ulei la foc mediu, se adauga jumatate din amestecul de branza, se intinde in cerc si se pune jumatate din branza cheddar.
2. Întindeți de asemenea în cerc, gătiți timp de 5 minute, transferați pe o masă de tăiat și lăsați să se răcească câteva minute.
3. Se încălzește din nou tigaia, se adaugă restul de amestec de brânză și se întinde în cerc.
4. Adăugați restul de brânză cheddar, întindeți de asemenea, gătiți timp de 5 minute și transferați, de asemenea, pe o masă de tăiat.
5. Întindeți o mie de garnituri de insulă peste 2 baze de pizza.
6. Se încălzește din nou aceeași tigaie la foc mediu, se adaugă carnea, se amestecă și se prăjește câteva minute.
7. Adăugați sare, piper, dafin vechi, boia de ardei, ceapa și praf de usturoi, amestecați și gătiți încă câteva minute.
8. Adăugați bucăți de hot dog, amestecați și gătiți încă 5 minute.
9. Întindeți salată verde, murături, brânză americană și ceapă pe 2 cruste de pizza.

10. Împărțiți amestecul de carne de vită și hot dog, la final stropiți cu muștar și ketchup și serviți.

Cura de slabire: calorii 200, grăsimi 6, fibre 3, carbohidrați 1,5, proteine 10

Un prânz mexican delicios

Este atât de delicios! De ce să nu încerci astăzi?

Timp de preparare: 10 minute.

Timp de preparare: 20 de minute.

Porții: 4

Ingrediente:

- ¼ cană coriandru tocat
- 2 avocado, decojite, decojite și tăiate bucăți
- 1 lingura de suc de lamaie
- ¼ cană usturoi tocat
- 1 lingurita de usturoi tocat
- Sare si piper negru dupa gust
- 6 roșii cherry, tăiate în sferturi
- ½ cană de apă
- 2 kg carne de vită, măcinată
- 2 căni de smântână
- ¼ cană condiment pentru taco
- 2 cani frunze de salata verde, tocate
- Un strop de sos de ardei cayenne pentru a servi
- 2 căni de brânză cheddar, rasă

Adrese:
1. Intr-un castron amestecam coriandru cu zeama de lamaie, avocado, ceapa, rosiile, sare, piper si usturoi, amestecam bine si lasam sa stea la frigider deocamdata.
2. Se incinge tigaia la foc mediu, se adauga carnea, se amesteca si se fierbe 10 minute.
3. Adăugați condimentele pentru taco și apa, amestecați și gătiți la foc mediu-mic încă 10 minute.
4. Împărțiți acest amestec în 4 boluri de servire.
5. Adaugati smantana, amestecul de avocado pe care l-ati pregatit mai devreme, bucatele de salata verde si branza cheddar.
6. La final se acoperă cu sos de ardei cayenne și se servește la prânz!

Să te bucuri!

Cura de slabire: calorii 340, grăsimi 30, fibre 5, carbohidrați 3, proteine 32

Pranz din ardei umpluti

Sunt perfecte pentru un prânz keto!

Timp de preparare: 10 minute.
Timp de preparare: 40 de minute.
Porții: 4

Ingrediente:

- 4 ardei banane mari, scoși de pe blaturi, semințe și tăiați în jumătate pe lungime
- 1 lingura de ghee
- Sare si piper negru dupa gust
- ½ linguriță de ierburi de Provence
- 1 kilogram de cârnați dulce, tocat
- 3 linguri de ceapa galbena tocata
- Puțin sos marinara
- Puțin ulei de măsline

Adrese:

1. Asezonați ardeii banane cu sare și piper, stropiți cu ulei, frecați bine și coaceți la cuptor la 350 de grade F timp de 20 de minute.

2. Intre timp se incinge tigaia la foc mediu, se adauga bucatile de carnati, se amesteca si se fierbe 5 minute.
3. Adăugați ceapa, ierburile de Provence, sare, piper și ghee, amestecați bine și gătiți timp de 5 minute.
4. Scoateți ardeii din cuptor, umpleți-i cu amestecul de cârnați, puneți-i într-o tavă de copt, acoperiți cu sos marinara, dați înapoi la cuptor și coaceți încă 10 minute.
5. Se serveste fierbinte.

Să te bucuri!

Cura de slabire: calorii 320, grăsimi 8, fibre 4, carbohidrați 3, proteine 10

Specialitate cu hamburger la prânz

Acești burgeri sunt cu adevărat ceva special!

Timp de preparare: 10 minute.
Timp de preparare: 25 minute.
Porții: 8

Ingrediente:

- 1 kg piept măcinat
- 1 kg carne de vită tocată
- Sare si piper negru dupa gust
- 8 felii de unt
- 1 lingura de usturoi tocat
- 1 lingură de condimente italiene
- 2 linguri de maioneza
- 1 lingura de ghee
- 2 linguri de ulei de măsline
- 1 ceapa galbena tocata
- 1 lingura de apa

Adrese:

1. Într-un bol, amestecați pieptul cu carnea, sare, piper, condimente italiene, usturoi și maioneză și amestecați bine.
2. Formați 8 chifle și faceți un buzunar în fiecare.
3. Umpleți fiecare chiflă cu o bucată de unt și închideți-o.
4. Se incinge o tigaie cu ulei de masline la foc mediu, se adauga ceapa, se amesteca si se caleste 2 minute.
5. Adăugați apă, amestecați și colectați în colțul vasului.
6. Pune burgerii în tigaia cu ceapa și se fierbe la foc mediu-mic timp de 10 minute.
7. Întoarceți-le, adăugați ghee și gătiți încă 10 minute.
8. Împărțiți chiftelele între chifle și serviți cu ceapă caramelizată deasupra.

Să te bucuri!

Cura de slabire: calorii 180, grăsimi 8, fibre 1, carbohidrați 4, proteine 20

Un burger diferit

Serveste acest burger cu sosul pe care ti-l recomandam si savurati!

Timp de preparare: 10 minute.
Timp de preparare: 30 minute.
Porții: 4

Ingrediente:
Pentru sos:
- 4 ardei iute, tocat
- 1 cană de apă
- 1 cană de unt de migdale
- 1 lingurita abatere
- 6 linguri de aminoacizi de cocos
- 4 catei de usturoi, tocati
- 1 lingura de otet de orez

Pentru hamburgeri:
- 4 felii de brânză cu boia de ardei
- 1 și ½ kg carne de vită, măcinată
- 1 cap de ceapa rosie taiata felii
- 8 felii de bacon
- 8 frunze de salata verde

- Sare si piper negru dupa gust

Adrese:

1. Încinge o tigaie cu unt de migdale la foc mediu.
2. Adăugați apă, amestecați bine și gătiți la foc mic.
3. Adăugați aminoacizi de cocos și amestecați bine.
4. Amestecați chili și usturoiul într-un robot de bucătărie, turnați oțet și amestecați bine.
5. Adăugați asta în amestecul de unt de migdale, amestecați bine, luați de pe foc și lăsați deoparte deocamdată.
6. Într-un bol, amestecați carnea de vită cu sare și piper, amestecați și formați 4 chifteluțe.
7. Puneți-le într-o tigaie, puneți-le pe un grătar preîncălzit și gătiți timp de 7 minute.
8. Întoarceți burgerii și coaceți-i încă 7 minute.
9. Puneți feliile de brânză deasupra hamburgerului, puneți-le pe grătar și gătiți încă 4 minute.
10. Se incinge tigaia la foc mediu, se adauga feliile de bacon si se prajesc cateva minute.
11. Asezati 2 frunze de salata verde pe o farfurie, adaugati deasupra 1 burger, apoi 1 felie de ceapa si 1 felie de bacon si turnati peste el sos de unt de migdale.
12. Repetați cu restul frunzelor de salată verde, chiftele, ceapa, baconul și sosul.

Să te bucuri!

Cura de slabire: calorii 700, grăsimi 56, fibre 10, carbohidrați 7, proteine 40

Un preparat delicios de dovlecei

Este usor de facut si foarte usor! Încercați acest fel de mâncare la prânz în curând!

Timp de preparare: 10 minute.
Timp de preparare: 5 minute.
Porții: 1

Ingrediente:

- 1 lingura de ulei de masline
- 3 linguri de ghee
- 2 cani de dovlecel, feliate cu un spiralizator
- 1 lingurita de fulgi de ardei rosu
- 1 lingura de usturoi tocat
- 1 lingura de ardei rosu tocat
- Sare si piper negru dupa gust
- 1 lingura busuioc tocat
- ¼ cană brânză Asiago, rasă
- ¼ cană de parmezan ras

Adrese:

1. Se încălzeşte o tigaie cu ulei şi ghee la foc mediu, se adaugă usturoi, boia de ardei şi fulgi de piper, se amestecă şi se fierbe timp de 1 minut.
2. Adăugaţi tăiţeii de dovlecel, amestecaţi şi gătiţi încă 2 minute.
3. Adăugaţi busuioc, parmezan, sare şi piper, amestecaţi şi gătiţi încă câteva secunde.
4. Se ia de pe foc, se transfera intr-un bol si se serveste la pranz cu branza Asiago deasupra.

Să te bucuri!

Cura de slabire: calorii 140, grăsimi 3, fibre 1, carbohidraţi 1,3, proteine 5

Salata cu bacon si taitei de dovlecel

Este atât de revigorant și sănătos! Ne place aceasta salata!

Timp de preparare: 10 minute.

Timp de preparare: 0 minute.

Porții: 2

Ingrediente:

- 1 cană de baby spanac
- 4 cesti taitei cu dovlecel
- 1/3 cană brânză albastră, mărunțită
- 1/3 cană dressing gros de brânză
- ½ cană de bacon, fiartă și mărunțită
- Piper negru după gust

Adrese:

1. Se amestecă spanacul cu tăiței de dovlecel, bacon și brânză albastră într-un castron de salată și se amestecă.
2. Adăugați dressing de brânză și piper negru după gust, amestecați bine pentru a se acoperi, împărțiți în 2 boluri și serviți.

Să te bucuri!

Cura de slabire: calorii 200, grăsimi 14, fibre 4, carbohidrați 2, proteine 10

Uimitoare salata de pui

Cea mai bună salată de pui pe care o veți avea vreodată este acum disponibilă!

Timp de preparare: 10 minute.

Timp de preparare: 0 minute.

Porții: 3

Ingrediente:

- 1 ceapa primavara tocata
- 1 coastă de țelină tocată
- 1 ou fiert, decojit si tocat
- 5 uncii piept de pui prăjit și mărunțit
- 2 linguri de patrunjel tocat
- ½ lingură de sos de mărar
- Sare si piper negru dupa gust
- 1/3 cană maioneză
- Un praf de usturoi granulat
- 1 lingurita de mustar

Adrese:

1. Amesteca patrunjelul cu ceapa si telina intr-un robot de bucatarie si amesteca bine.

2. Transferați-le într-un castron şi lăsați-le deoparte deocamdată.

3. Puneti carnea de pui intr-un robot de bucatarie multifunctional, amestecati bine si adaugati in vasul cu legume.

4. Adăugați bucățile de ou, sare şi piper şi amestecați.

5. Adăugați şi muştarul, maioneza, muşcătura de mărar şi usturoiul granulat, amestecați şi serviți imediat.

Să te bucuri!

Cura de slabire: calorii 283, grăsimi 23, fibre 5, carbohidrați 3, proteine 12

Salată de friptură uimitoare

Dacă nu ai chef de salată de pui keto, încearcă carnea de vită!

Timp de preparare: 10 minute.

Timp de preparare: 20 de minute.

Porții: 4

Ingrediente:

- 1 ½ kilogram friptură, feliată subțire
- 3 linguri de ulei de avocado
- Sare si piper negru dupa gust
- ¼ cană oțet balsamic
- 6 uncii ceapă dulce tocată
- 1 salata verde tocata
- 2 catei de usturoi, tocati
- 4 uncii de ciuperci, feliate
- 1 avocado, fără sâmburi, decojit și feliat
- 3 uncii de roșii uscate la soare, tocate
- 1 ardei galben, feliat
- 1 ardei portocala, taiat felii
- 1 lingurita de condimente italiene
- 1 lingurita de fulgi de ardei rosu

- 1 lingurita de praf de ceapa

Adrese:

1. Se toarnă bucățile de carne într-un bol cu puțină sare, piper și oțet balsamic, se amestecă pentru a se îmbrăca și se lasă deoparte deocamdată.
2. Încingeți o tigaie cu ulei de avocado la temperatură medie-scăzută, adăugați ciupercile, usturoiul, sare, piper și ceapa, amestecați și gătiți timp de 20 de minute.
3. Amesteca intr-un castron frunzele de salata verde cu ardei portocaliu si galben, rosiile uscate la soare si avocado si amestecam.
4. Condimentează bucățile de carne cu praf de ceapă, piper și condimente italiene.
5. Puneți bucățile de friptură într-o tigaie pentru grătar, puneți-le pe broilerul preîncălzit și gătiți timp de 5 minute.
6. Împărțiți bucățile de carne în farfurii, adăugați salată verde și salată de avocado pe margine și acoperiți totul cu amestecul de ceapă și ciuperci.

Să te bucuri!

Cura de slabire: calorii 435, grăsimi 23, fibre 7, carbohidrați 10, proteine 35

Salată de pui și fenicul la prânz

Încercați o salată diferită la prânz în fiecare zi! Astăzi vă propunem să încercați această delicatesă din fenicul și pui!

Timp de preparare: 10 minute.
Timp de preparare: 0 minute.
Porții: 4

Ingrediente:

- 3 piept de pui, dezosat, fara piele, fiert si tocat
- 2 linguri ulei de nuca
- ¼ ceasca de nuci prajite si tocate
- 1 cană și jumătate de fenicul tocat
- 2 linguri de suc de lamaie
- ¼ cană maioneză
- 2 linguri de frunze de fenicul tocate
- Sare si piper negru dupa gust
- Un praf de piper cayenne

Adrese:

1. Amestecați feniculul cu puiul și nucile într-un bol și amestecați.

2. Într-un alt vas amestecați maioneza cu sare, piper, frunze de fenicul, ulei de nucă, zeamă de lămâie, piper și usturoi și amestecați bine.

3. Se toarnă peste amestecul de pui și fenicul, se amestecă pentru a se îmbrăca bine și se dă la frigider până la servire.

Să te bucuri!

Cura de slabire: calorii 200, grăsimi 10, fibre 1, carbohidrați 3, proteine 7

Avocado simplu umplut

Este atât de ușor de făcut pentru prânz!

Timp de preparare: 10 minute.
Timp de preparare: 0 minute.
Porții: 1

Ingrediente:

- 1 avocado
- 4 uncii de conserve de sardine, scurse
- 1 ceapa tocata
- 1 lingura de maioneza
- 1 lingura de suc de lamaie
- Sare si piper negru dupa gust
- ¼ de linguriță pudră de turmeric

Adrese:

1. Tăiați avocado în jumătate, îndepărtați pulpa și puneți-l într-un bol.
2. Se pasează cu o furculiță și se amestecă cu sardine.
3. Se pasează din nou cu o furculiță și se amestecă cu ceapa, zeama de lămâie, pudra de turmeric, sare, piper și maioneză.

4. Amesteca totul si imparte-l in jumatati de avocado.

5. Serviți imediat la prânz.

Să te bucuri!

Cura de slabire: calorii 230, grăsimi 34, fibre 12, carbohidrați 5, proteine 27

Salata pesto de pui

Combinația este absolut delicioasă! Ar trebui sa incerci!

Timp de preparare: 10 minute.

Timp de preparare: 0 minute.

Porții: 4

Ingrediente:

- 1 kilogram de pui, fiert și tăiat cubulețe
- Sare si piper negru dupa gust
- 10 roșii cherry, tăiate în jumătate
- 6 felii de bacon, fierte si maruntite
- ¼ cană maioneză
- 1 avocado, decojit, devenat și tăiat cubulețe
- 2 linguri de pesto de usturoi

Adrese:

1. Pune puiul cu bacon, avocado, rosiile intr-un bol de salata, sare si piper si amesteca.
2. Adăugați maioneza și pesto de usturoi, amestecați bine pentru a acoperi și serviți.

Să te bucuri!

Cura de slabire: calorii 357, grăsimi 23, fibre 5, carbohidrați 3, proteine 26

O salată delicioasă pentru prânz

Este delicios și o să-ți placă când o vei încerca!

Timp de preparare: 10 minute.

Timp de preparare: 10 minute.

Porții: 1

Ingrediente:

- 4 uncii de muschi de vita
- 2 cani frunze de salata verde, tocate
- Sare si piper negru dupa gust
- spray de gatit
- 2 linguri coriandru tocat
- 2 ridichi, tăiate felii
- 1/3 cană varză roșie, rasă
- 3 linguri de sos chimichurri la borcan
- 1 lingura sos pentru salata

Pentru sos de salata:

- 3 catei de usturoi, tocati
- ½ linguriță sos Worcestershire
- 1 lingura de mustar
- ½ cană oțet de mere

- ¼ cană de apă
- ½ cană de ulei de măsline
- ¼ lingurita sos Tabasco
- Sare si piper negru dupa gust

Adrese:

1. Într-un bol, amestecați cățeii de usturoi cu sos Worcestershire, muștar, oțet de mere, apă, ulei de măsline, sare, piper și sos Tabasco, amestecați bine și lăsați să stea.
2. Se încălzește grătarul de bucătărie la o temperatură medie-mare, se stropește cu ulei de gătit, se adaugă friptura, se condimentează cu sare și piper, se fierbe 4 minute, se întoarce, se mai fierbe încă 4 minute, se ia de pe foc, se lasă să se răcească Dați deoparte și tăiate în fâșii subțiri.
3. Într-un castron de salată, amestecați salata verde cu coriandru, varza, ridichile, sosul chimichurri și friptura.
4. Adăugați 1 lingură de dressing pentru salată, amestecați și serviți imediat.

Să te bucuri!

Cura de slabire: calorii 456, grăsimi 32, fibre 2, carbohidrați 6, proteine 30

Prăjituri ușoare de crab pentru prânz

Încercați aceste prăjituri cu crab la prânz! Nu o sa regreti!

Timp de preparare: 10 minute.

Timp de preparare: 12 minute.

Porții: 6

Ingrediente:

- 1 kilogram de carne de crab
- ¼ cană pătrunjel tocat
- Sare si piper negru dupa gust
- 2 cepe verde, tocate
- ¼ cană coriandru tocat
- 1 lingurita de ardei jalapeno, tocat
- 1 lingurita de suc de lamaie
- 1 lingurita sos Worcestershire
- 1 lingurita de condiment vechi de dafin
- ½ linguriță pudră de muștar
- ½ cană maioneză
- 1 ou
- 2 linguri de ulei de măsline

Adrese:

1. Într-un castron mare, combinați carnea de crab cu sare, piper, pătrunjel, ceapa verde, coriandru, jalapeno, suc de lămâie, condimente de dafin vechi, pudră de muștar și sosul Worcestershire și amestecați bine.
2. Într-un alt castron, amestecați oul cu maioneza și bateți.
3. Adăugați-l în amestecul de crab și amestecați totul.
4. Din acest amestec formați 6 chifteluțe și puneți-le pe o farfurie.
5. Se încălzește o tigaie cu ulei la foc mediu, se adaugă 3 prăjituri de crab, se gătesc 3 minute, se răstoarnă, se mai gătesc încă 3 minute și se transferă pe prosoape de hârtie.
6. Repetați cu celelalte 3 prăjituri de crab, scurgeți excesul de grăsime și serviți la prânz.

Să te bucuri!

Cura de slabire: calorii 254, grăsimi 17, fibre 1, carbohidrați 1, proteine 20

Briose simple pentru prânz

Aceste brioșe îți vor atinge cu adevărat sufletul!

Timp de preparare: 10 minute.

Timp de preparare: 45 minute.

Porții: 13

Ingrediente:

- 6 gălbenușuri de ou
- 2 linguri de aminoacizi de cocos
- ½ kilogram de ciuperci
- ¾ cană de făină de cocos
- 1 kg carne de vită tocată
- Adăugați sare după gust

Adrese:

1. Amestecați ciupercile cu sare, aminoacizii de cocos și gălbenușurile de ou într-un robot de bucătărie și amestecați bine.
2. Amestecați carnea de vită cu puțină sare într-un bol și amestecați.
3. Adăugați amestecul de ciuperci în carne și amestecați totul.

4. Adaugati faina de cocos si amestecati din nou.

5. Împărțiți-l în 13 căni de cupcake, puneți-l într-un cuptor la 350 de grade F și coaceți timp de 45 de minute.

6. Serveşte-le la prânz!

Să te bucuri!

Cura de slabire: calorii 160, grăsimi 10, fibre 3, carbohidrați 1, proteine 12

Plăcintă de porc pentru prânz

Acesta este ceva după care tânjiți de mult timp! Nu vă faceți griji! Asta e o idee ceto!

Timp de preparare: 10 minute.
Timp de preparare: 50 de minute.
Porții: 6

Ingrediente:

Pentru aluatul de plăcintă:

- 2 căni de piei de porc
- ¼ cană de făină de in
- 1 cană de făină de migdale
- 2 oua
- putina sare

A umple:

- 1 cană brânză cheddar rasă
- 4 ouă
- 12 uncii muschi de porc măcinat
- 6 felii de bacon
- ½ cană cremă de brânză
- 1 ceapa rosie, tocata

- ¼ cană de arpagic tocat
- 2 catei de usturoi, tocati
- Sare si piper negru dupa gust
- 2 linguri de ghee

Adrese:

1. Intr-un robot de bucatarie amestecati chicharrones cu faina de migdale, faina de in, 2 oua si sare si amestecati pana obtineti un aluat.

2. Transferați-o în forma de tort și apăsați bine în fund.

3. Puneți într-un cuptor la 350 de grade F și coaceți timp de 15 minute.

4. Între timp, se încălzește o tigaie cu ghee la foc mediu, se adaugă usturoiul și ceapa, se amestecă și se fierbe timp de 5 minute.

5. Adăugați slănină, amestecați și gătiți timp de 5 minute.

6. Adăugați muschii de porc, gătiți până se rumenesc pe toate părțile și luați de pe foc.

7. Într-un bol, amestecați ouăle cu sare, piper, brânză cheddar și crema de brânză și amestecați bine.

8. Adăugați ceapa primăvară și amestecați din nou.

9. Întindeți carnea de porc într-o farfurie de plăcintă, adăugați amestecul de ouă, puneți la cuptorul la 350 de grade F și coaceți timp de 25 de minute.

10. Lăsați tortul să se răcească câteva minute și serviți.

Să te bucuri!

Cura de slabire: calorii 455, grăsimi 34, fibre 3, carbohidrați 3, proteine 33

Pate delicios pentru prânz

Bucurați-vă de ceva care este foarte ușor de aruncat: keto liverwurst!

Timp de preparare: 10 minute.
Timp de preparare: 0 minute.
Porții: 1

Ingrediente:

- 4 uncii de ficat de pui la fiert
- 1 lingurita amestec de cimbru, salvie si oregano, tocat
- Sare si piper negru dupa gust
- 3 linguri de unt
- 3 ridichi, feliate subțiri
- Felii de pâine crustă de servit

Adrese:

1. Amestecați ficații de pui cu cimbru, salvie, oregano, unt, sare și piper într-un robot de bucătărie și amestecați bine câteva minute.
2. Întindeți pe felii de pâine crocante și acoperiți cu felii de ridichi.
3. Serviți imediat.

Să te bucuri!

Cura de slabire: calorii 380, grăsimi 40, fibre 5, carbohidrați 1, proteine 17

Supa delicioasă pentru prânz

S-ar putea să-ți placă această supă! Încearcă măcar o dată!

Timp de preparare: 10 minute.

Timp de preparare: 4 ore.

Porții: 4

Ingrediente:

- 1 kilogram de pulpe de pui, fără piele și fără os
- 10 uncii de roșii conservate, tocate
- 1 cană de supă de pui
- 8 uncii de cremă de brânză
- Suc de 1 lime
- Sare si piper negru dupa gust
- 1 ardei jalapeno, tocat
- 1 ceapa galbena tocata
- 2 linguri coriandru tocat
- 1 catel de usturoi, tocat
- Brânză cheddar, rasă pentru servire
- felii de lime pentru a servi

Adrese:

1. Într-o oală, combinați puiul cu roșii, bulionul, cremă de brânză, sare, piper, suc de lămâie, jalapeño, ceapa, usturoi și coriandru, amestecați, acoperiți și gătiți la foc maxim timp de 4 ore.

2. Descoperiți oala, feliați carnea în oală, împărțiți-le în boluri și serviți cu brânză cheddar deasupra și felii de lămâie în lateral.

Să te bucuri!

Cura de slabire: calorii 300, grăsimi 5, fibre 6, carbohidrați 3, proteine 26

Supă delicioasă de nucă de cocos

Încercați această supă de nucă de cocos keto în curând! Toată lumea o va iubi!

Timp de preparare: 10 minute.
Timp de preparare: 30 minute.
Porții: 2

Ingrediente:
- 4 căni de supă de pui
- 3 frunze de tei
- 1 cană și jumătate de lapte de cocos
- 1 lingurita de iarba de lamaie uscata
- 1 cana coriandru tocat
- 1 inch ghimbir ras
- 4 ardei iute thailandezi, uscati si tocati
- Sare si piper negru dupa gust
- 4 uncii de creveți, cruzi, decojiți și devenați
- 2 linguri de ceapa rosie tocata
- 1 lingura de ulei de cocos
- 2 linguri de ciuperci tocate
- 1 lingura de sos de peste

- 1 lingura coriandru tocat
- Suc de 1 lime

Adrese:

1. Într-o oală, amestecați bulionul de pui cu laptele de cocos, frunzele de lime, iarbă de lămâie, chili thailandez, 1 cană de coriandru, ghimbir, sare și piper, amestecați, aduceți la fierbere la foc mediu, gătiți 20 de minute, strecurați și pune înapoi în bol.
2. Reîncălziți supa la foc mediu, adăugați ulei de cocos, creveți, sos de pește, ciuperci și ceapa, amestecați și gătiți încă 10 minute.
3. Adăugați suc de lămâie și 1 lingură de coriandru, amestecați, turnați în boluri și serviți la prânz.

Să te bucuri!

Cura de slabire: calorii 450, grăsimi 34, fibre 4, carbohidrați 8, proteine 12

Supă cu tăiței cu dovlecei

Această supă keto este simplă, dar atât de delicioasă!

Timp de preparare: 10 minute.
Timp de preparare: 15 minute.
Porții: 8

Ingrediente:

- 1 cap mic de ceapa galbena, tocata
- 2 catei de usturoi, tocati
- 1 ardei jalapeno, tocat
- 1 lingura de ulei de cocos
- 1 și jumătate de linguriță de pastă de curry
- 6 căni de supă de pui
- 15 uncii de lapte de cocos conservat
- 1 kilogram piept de pui feliat
- 1 ardei rosu, feliat
- 2 linguri de sos de peste
- 2 dovlecei, spiralați
- ½ cană coriandru tocat
- felii de lime pentru a servi

Adrese:

1. Se incinge o oala cu ulei la foc mediu, se adauga ceapa, se amesteca si se caleste 5 minute.

2. Adăugați usturoiul, jalapeño și pasta de curry, amestecați și gătiți timp de 1 minut.

3. Se adauga supa si laptele de cocos, se amesteca si se lasa sa fiarba.

4. Adăugați ardei roșu, sos de pui și pește, amestecați și fierbeți încă 4 minute.

5. Adăugați coriandru, amestecați, gătiți timp de 1 minut și luați de pe foc.

6. Aranjați tăițeii de dovlecel în boluri cu supă, adăugați supa deasupra și serviți cu felii de lămâie în lateral.

Să te bucuri!

Cura de slabire: calorii 287, grăsimi 14, fibre 2, carbohidrați 7, proteine 25

Prânz delicios cu curry

Ați încercat vreodată keto curry? Atunci fii atent la mai jos!

Timp de preparare: 10 minute.

Timp de gătire: 1 oră.

Porții: 4

Ingrediente:

- 3 rosii tocate
- 2 linguri de ulei de măsline
- 1 cană de supă de pui
- 14 uncii de lapte de cocos conservat
- 1 lingura de suc de lamaie
- Sare si piper negru dupa gust
- 2 kilograme de pulpe de pui, dezosate si fara piele si taiate cubulete
- 2 catei de usturoi, tocati
- 1 cană de usturoi tocat
- 3 ardei iute roșii, tocați
- 1 uncie de arahide prăjite
- 1 lingura de apa
- 1 lingura de ghimbir ras

- 2 lingurite de coriandru macinat
- 1 lingurita scortisoara macinata
- 1 lingurita turmeric macinat
- 1 lingurita de chimen, macinat
- ½ linguriță de piper negru
- 1 lingurita de seminte de fenicul, macinate

Adrese:

1. În robotul dvs. de bucătărie, combinați usturoiul cu usturoiul, alunele, ardeiul iute roșu, apă, ghimbirul, coriandru, scorțișoară, curcuma, chimen, fenicul și piper negru, amestecați într-o pastă și lăsați să stea.
2. Încingeți o tigaie cu ulei de măsline la foc mediu, adăugați pasta de condimente pe care ați făcut-o, amestecați bine și încălziți câteva secunde.
3. Adăugați bucățile de pui, amestecați și gătiți timp de 2 minute.
4. Adăugați supa și roșiile, amestecați, reduceți focul și gătiți timp de 30 de minute.
5. Adăugați laptele de cocos, amestecați și gătiți încă 20 de minute.
6. Se adauga sare, piper si zeama de lamaie, se amesteca, se aranjeaza in boluri si se serveste.

Să te bucuri!

Cura de slabire: calorii 430, grăsimi 22, fibre 4, carbohidrați 7, proteine 53

Rulouri cu spanac pentru prânz

Vor fi gata în cel mai scurt timp!

Timp de preparare: 20 minute.

Timp de preparare: 15 minute.

Porții: 16

Ingrediente:

- 6 linguri de faina de cocos
- ½ cană făină de migdale
- 2 cani si jumatate de branza mozzarella, rasa
- 2 oua
- putina sare

A umple:

- 4 uncii de cremă de brânză
- 6 uncii spanac, tocat
- Puțin ulei de avocado
- putina sare
- ¼ cană de parmezan ras
- Maioneza pentru servire

Adrese:

1. Se incinge o tigaie cu ulei la foc mediu, se adauga spanacul si se fierbe 2 minute.
2. Se adauga parmezan, un praf de sare si crema de branza, se amesteca bine, se ia de pe foc si se lasa deoparte deocamdata.
3. Pune brânza mozzarella într-un bol termorezistent și pune la microunde timp de 30 de secunde.
4. Se adauga ouale, sarea, nuca de cocos si faina de migdale si amesteca totul.
5. Așezați aluatul pe o masă de tăiat căptușită, puneți o bucată de hârtie de copt și aplatizați aluatul cu un sucitor.
6. Împărțiți aluatul în 16 dreptunghiuri, acoperiți fiecare cu amestecul de spanac și rulați în formă de trabuc.
7. Așezați toate rulourile pe o tavă de copt tapetată, puneți-le într-un cuptor la 350 de grade F și coaceți timp de 15 minute.
8. Lăsați rulourile să se răcească câteva minute înainte de a le servi cu puțină maioneză deasupra.

Să te bucuri!

Cura de slabire: calorii 500, grăsimi 65, fibre 4, carbohidrați 14, proteine 32

Un preparat delicios din carne

Este un prânz keto ușor și satisfăcător! Incearca-l!

Timp de preparare: 15 minute.

Timp de preparare: 8 minute.

Porții: 4

Ingrediente:

- Friptură de 16 uncii
- 4 uncii de brânză boia, rasă
- 1 cană de smântână
- Sare si piper negru dupa gust
- 1 mână de coriandru tocat
- Puțin sos chipotle adobo

Pentru guacamole:

- ¼ cana ceapa rosie tocata
- 2 avocado, decojite și fără sâmburi
- Suc de 1 lime
- 1 lingura de ulei de masline
- 6 rosii cherry, tocate
- 1 catel de usturoi, tocat
- 1 lingura coriandru tocat

- Sare si piper negru dupa gust

Adrese:
1. Puneți avocado într-un castron și zdrobiți-l cu o furculiță.
2. Adăugați roșiile, ceapa roșie, usturoiul, sare și piper și amestecați bine.
3. Adăugați ulei de măsline, sucul de lămâie și 1 lingură de coriandru, amestecați din nou bine și lăsați deoparte deocamdată.
4. Se incinge tigaia la foc mare, se adauga friptura, se sare si se pipereaza, se fierbe 4 minute pe fiecare parte, se transfera pe o masa de tacat, se lasa putin sa se raceasca si se taie fasii subtiri.
5. Împărțiți friptura în 4 boluri, adăugați deasupra brânză, smântână și guacamole și serviți cu chipotle adobo.

Să te bucuri!

Cura de slabire: calorii 600, grăsimi 50, fibre 6, carbohidrați 5, proteine 30

Chiftele și pilaf

Acesta este un prânz keto de care toată lumea se poate bucura!

Timp de preparare: 10 minute.

Timp de preparare: 30 minute.

Porții: 4

Ingrediente:

- 12 uncii buchețe de conopidă
- Sare si piper negru dupa gust
- 1 ou
- 1 kilogram de miel, măcinat
- 1 lingurita de seminte de fenicul
- 1 lingurita boia
- 1 lingurita de praf de usturoi
- 1 cap mic de ceapa galbena, tocata
- 2 catei de usturoi, tocati
- 2 linguri de ulei de cocos
- 1 legatura de menta tocata
- 1 lingura de coaja de lamaie
- 4 uncii brânză de capră, măruntită

Adrese:

1. Pune buchetele de conopida intr-un robot de bucatarie, adauga sare si amesteca bine.
2. Se unge tigaia cu putin ulei de cocos, se incinge la foc mediu, se adauga orezul conopida, se fierbe 8 minute, se asezoneaza cu sare si piper dupa gust, se ia de pe foc si se tine la cald.
3. Într-un castron, amestecați mielul cu sare, piper, oul, boia de ardei, pudra de usturoi și semințele de fenicul și amestecați bine.
4. Formați 12 chiftele și puneți-le pe o farfurie deocamdată.
5. Se încălzește o tigaie cu ulei de cocos la foc mediu, se adaugă ceapa, se amestecă și se fierbe timp de 6 minute.
6. Adăugați usturoiul, amestecați și gătiți timp de 1 minut.
7. Adăugați chiftelele, fierbeți-le bine pe toate părțile și luați de pe foc.
8. Împărțiți orezul cu conopidă în farfurii, adăugați deasupra amestecul de chiftele și ceapă, stropiți cu mentă, coaja de lămâie și brânză de capră la final și serviți.

Să te bucuri!

Cura de slabire: calorii 470, grăsimi 43, fibre 5, carbohidrați 4, proteine 26

Supa delicioasa de broccoli

Încercați această supă magnifică cât mai curând posibil!

Timp de preparare: 10 minute.
Timp de preparare: 30 minute.
Porții: 4

Ingrediente:

- 1 cap de usturoi, tocat
- 1 lingura de ghee
- 2 căni de supă de legume
- Sare si piper negru dupa gust
- 2 căni de apă
- 2 catei de usturoi, tocati
- 1 cană smântână groasă
- 8 uncii de brânză cheddar mărunțită
- 12 uncii de buchețe de broccoli
- ½ lingurita boia

Adrese:

1. Se încălzește o oală cu ghee la foc mediu, se adaugă ceapa și usturoiul, se amestecă și se fierbe timp de 5 minute.

2. Adaugam supa, smantana, apa, sare, piper si boia, amestecam si lasam sa fiarba.
3. Adăugați broccoli, amestecați și gătiți supa timp de 25 de minute.
4. Transferați într-un robot de bucătărie și amestecați bine.
5. Adăugați brânza și amestecați din nou.
6. Împărțiți în boluri cu supă și serviți fierbinți.

Să te bucuri!

Cura de slabire: calorii 350, grăsimi 34, fibre 7, carbohidrați 7, proteine 11

Prânz Salată de fasole verde

În curând va deveni una dintre salatele tale keto preferate!

Timp de preparare: 10 minute.
Timp de preparare: 5 minute.
Porții: 8

Ingrediente:

- 2 linguri de otet de vin alb
- 1 și ½ linguriță de muștar
- Sare si piper negru dupa gust
- 2 kilograme de fasole verde
- 1/3 cană ulei de măsline extravirgin
- 1 cană și jumătate de fenicul, feliat subțire
- 4 uncii brânză de capră, mărunțită
- ¾ ceasca de nuci, prajite si tocate

Adrese:

1. Intr-o oala se pune apa, se adauga putina sare si se lasa sa fiarba la foc mediu.
2. Adăugați fasolea verde, gătiți timp de 5 minute și transferați într-un castron umplut cu apă cu gheață.

3. Scurgeți bine fasolea verde și puneți-o într-un bol de salată.
4. Adaugam nucile, feniculul si branza de capra si amestecam usor.
5. Amesteca otetul cu mustar, sare, piper si ulei intr-un castron si amesteca bine.
6. Se toarnă peste salată, se amestecă pentru a se acoperi bine și se servește la prânz.

Să te bucuri!

Cura de slabire: calorii 200, grăsimi 14, fibre 4, carbohidrați 5, proteine 6

Supa de dovleac

Această supă keto este atât de cremoasă și texturată! Ar trebui să-l încerci azi la prânz!

Timp de preparare: 10 minute.
Timp de preparare: 20 de minute.
Porții: 6

Ingrediente:

- ½ cană ceapă galbenă tocată
- 2 linguri de ulei de măsline
- 1 lingura de chipotles in sos adobo
- 1 catel de usturoi, tocat
- 1 lingurita de chimen, macinat
- 1 lingurita coriandru macinat
- Un praf de ienibahar
- 2 cani de piure de dovleac
- Sare si piper negru dupa gust
- 32 uncii de supă de pui
- ½ cană smântână groasă
- 2 lingurite de otet
- 2 lingurite de stevia

Adrese:
1. Se incinge o oala cu ulei la foc mediu, se adauga ceapa si usturoiul, se amesteca si se fierbe 4 minute.
2. Adăugați stevia, chimen, coriandru, chipotles și chimen, amestecați și gătiți timp de 2 minute.
3. Adăugați supa și piureul de dovleac, amestecați și gătiți timp de 5 minute.
4. Amestecați bine supa cu un blender de imersie, apoi amestecați cu sare, piper, smântână groasă și oțet.
5. Se amestecă, se fierbe încă 5 minute și se împarte în boluri.
6. Serviți imediat.

Să te bucuri!

Cura de slabire: calorii 140, grăsimi 12, fibre 3, carbohidrați 6, proteine 2

Caserolă delicioasă cu fasole verde

Acest lucru vă va impresiona cu siguranță!

Timp de preparare: 10 minute.
Timp de gătire: 35 minute.
Porții: 8

Ingrediente:

- 1 kilogram de fasole verde, tăiată la jumătate
- Sare si piper negru dupa gust
- ½ cană făină de migdale
- 2 linguri de ghee
- 8 uncii ciuperci tocate
- 4 uncii ceapă tocată
- 2 salote, tocate
- 3 catei de usturoi, tocati
- ½ cană supă de pui
- ½ cană smântână groasă
- ¼ cană de parmezan ras
- Ulei de avocado pentru prajit

Adrese:

1. Se pune putina apa intr-o oala, se adauga sare, se da la fiert la foc mediu, se adauga fasole verde, se fierbe 5 minute, se transfera intr-un vas plin cu apa cu gheata, se raceste, se scurge bine si se lasa sa stea.
2. Într-un castron, combinați eșalota cu ceapa, făina de migdale, sare și piper și amestecați pentru a se acoperi.
3. Se incinge o tigaie cu putin ulei de avocado la foc mediu, se adauga amestecul de ceapa si salota, se calesc pana devine auriu.
4. Transferați pe prosoape de hârtie și scurgeți grăsimea.
5. Se încălzește aceeași tigaie la foc mediu, se adaugă ghee și se topește.
6. Adăugați usturoiul și ciupercile, amestecați și gătiți timp de 5 minute.
7. Adăugați supa și smântâna, amestecați, aduceți la fiert și fierbeți până se îngroașă.
8. Adăugați parmezan și fasole verde, amestecați și luați de pe foc.
9. Transferați acest amestec într-o tavă de copt, stropiți cu amestecul crocant de ceapă, puneți la cuptorul la 400 de grade F și coaceți timp de 15 minute.
10. Se serveste fierbinte.

Să te bucuri!

Cura de slabire: calorii 155, grăsimi 11, fibre 6, carbohidrați 8, proteine 5

Salată de mere pentru un prânz simplu

Acesta nu este doar keto! De asemenea, este foarte gustos!

Timp de preparare: 10 minute.

Timp de preparare: 0 minute.

Porții: 4

Ingrediente:

- 2 cesti buchetele de broccoli tocate
- 2 uncii nuci pecan tocate
- 1 măr, fără sâmburi și ras
- 1 ceapa primavara, tocata marunt
- Sare si piper negru dupa gust
- 2 lingurițe de semințe de mac
- 1 lingurita de otet de mere
- ¼ cană maioneză
- ½ linguriță de suc de lămâie
- ¼ cană de smântână

Adrese:

1. Într-un castron de salată, amestecați mărul cu broccoli, ceapa verde și nucile și amestecați.

2. Adăugați semințele de mac, sare și piper și amestecați ușor.
3. Amestecați maioneza cu smântâna, oțetul și zeama de lămâie într-un castron și amestecați bine.
4. Se toarnă peste salată, se amestecă pentru a se îmbrăca bine și se servește rece la prânz!

Să te bucuri!

Cura de slabire: calorii 250, grăsimi 23, fibre 4, carbohidrați 4, proteine 5

Varza de Bruxelles gratinata

Aceasta este o idee pentru un prânz keto gros și gustos!

Timp de preparare: 10 minute.

Timp de gătire: 35 minute.

Porții: 4

Ingrediente:

- 2 uncii ceapă tocată
- 1 lingurita de usturoi tocat
- 6 uncii varza de Bruxelles, tocata
- 2 linguri de ghee
- 1 lingură de aminoacizi de cocos
- Sare si piper negru dupa gust
- ½ linguriță de fum lichid

Pentru sos:

- 2,5 uncii de brânză cheddar mărunțită
- Un praf de piper negru
- 1 lingura de ghee
- ½ cană smântână groasă
- ¼ linguriță de turmeric
- ¼ lingurita boia
- Un praf de gumă xantan

Pentru coaja de porc:

- 3 linguri de parmezan
- 0,5 uncie chicharrones
- ½ lingurita boia dulce

Adrese:

1. Se încălzeşte o tigaie cu 2 linguri de ghee la foc mare, se adaugă varza de Bruxelles, sare şi piper, se amestecă şi se fierbe timp de 3 minute.
2. Adăugaţi usturoiul şi ceapa, amestecaţi şi gătiţi încă 3 minute.
3. Adăugaţi fumul lichid şi aminoacizii de cocos, amestecaţi, luaţi de pe foc şi lăsaţi deoparte pentru moment.
4. Se încălzeşte o altă tigaie cu 1 lingură de ghee la foc mediu, se adaugă smântână groasă şi se amestecă.
5. Adaugati branza, piperul negru, turmericul, boia de ardei si guma xantan, amestecati si gatiti pana se ingroasa din nou.
6. Se adauga amestecul de varza de Bruxelles, se amesteca si se imparte in ramekins.
7. Într-un robot de bucătărie, combinaţi parmezanul cu chicharrones şi ½ linguriţă de boia şi amestecaţi bine.
8. Împărţiţi aceste firimituri în amestecul de varză de Bruxelles, puneţi tigăile într-un cuptor la 375 de grade F şi coaceţi timp de 20 de minute.

9. Serviți imediat.

Să te bucuri!

Cura de slabire:calorii 300, grăsimi 20, fibre 6, carbohidrați 5, proteine 10

Un prânz simplu cu sparanghel

Ai nevoie doar de câteva ingrediente și de câteva minute din timpul tău pentru a pregăti acest prânz keto simplu și foarte gustos!

Timp de preparare: 10 minute.
Timp de preparare: 10 minute.
Porții: 4

Ingrediente:

- 2 galbenusuri de ou
- Sare si piper negru dupa gust
- ¼ cană ghee
- 1 lingura de suc de lamaie
- Un praf de piper cayenne
- 40 sparanghel

Adrese:

1. Bate foarte bine galbenusurile intr-un castron.
2. Transferați-l într-o tigaie mică la foc mic.
3. Adauga zeama de lamaie si bate bine.
4. Adăugați ghee și amestecați până se topește.
5. Se adauga sare, piper si piper cayenne si se bat din nou bine.

6. Intre timp se incinge tigaia la foc mediu, se adauga sparanghelul si se prajeste 5 minute.
7. Împărțiți sparanghelul în farfurii, stropiți cu sosul pe care l-ați făcut și serviți.

Să te bucuri!

Cura de slabire: calorii 150, grăsimi 13, fibre 6, carbohidrați 2, proteine 3

Paste simple cu creveți

Este atât de delicios!

Timp de preparare: 10 minute.
Timp de preparare: 10 minute.
Porții: 4

Ingrediente:

- 12 uncii de tăiței din păr de înger
- 2 linguri de ulei de măsline
- Sare si piper negru dupa gust
- 2 linguri de ghee
- 4 catei de usturoi, tocati
- 1 kg de creveți, cruzi, curățați și devenați
- Suc de ½ lămâie
- ½ lingurita boia
- O mână de busuioc tocat

Adrese:

1. Intr-o oala se pune apa, se adauga putina sare, se da la fiert, se adauga taiteii, se fierbe 2 minute, se scurg si se transfera intr-o tigaie incinsa.

2. Prăjiți tăițeii pentru câteva secunde, luați de pe foc și lăsați deoparte.
3. Se încălzește o tigaie cu ghee și ulei de măsline la foc mediu, se adaugă usturoiul, se amestecă și se prăjește timp de 1 minut.
4. Adăugați creveții și sucul de lămâie și gătiți timp de 3 minute pe fiecare parte.
5. Adaugam taiteii, sare, piper si boia, amestecam, impartim in boluri si servim cu busuioc tocat deasupra.

Să te bucuri!

Cura de slabire: calorii 300, grăsimi 20, fibre 6, carbohidrați 3, proteine 30

O caserolă mexicană uimitoare

Încercați acest prânz mexican cetogenic care vă va surprinde cu siguranță!

Timp de preparare: 10 minute.
Timp de gătire: 35 minute.
Porții: 6

Ingrediente:

- 2 ardei iute chipotle, tocat
- 2 jalapenos, tocate
- 1 lingura de ulei de masline
- ¼ cană smântână groasă
- 1 usturoi mic, tocat
- Sare si piper negru dupa gust
- 1 kg de pulpe de pui, fără piele, dezosate și tocate
- 1 cană sos enchilada roșu
- 4 uncii de cremă de brânză
- spray de gatit
- 1 cană de brânză rasă cu boia
- 2 linguri coriandru tocat
- 2 tortilla

Adrese:

1. Se incinge o tigaie cu ulei la foc mediu, se adauga ardei chipotle si jalapeño, se amesteca si se fierbe cateva secunde.
2. Adăugați ceapa, amestecați și gătiți timp de 5 minute.
3. Adaugam crema de branza si smantana si amestecam pana se topeste branza.
4. Adăugați puiul, sare, piper și sosul enchilada, amestecați bine și luați de pe foc.
5. Ungeți o tavă de copt cu spray de copt, puneți tortilla pe fund, stropiți cu amestec de pui și stropiți cu brânză rasă.
6. Acoperiți cu folie de aluminiu, puneți la cuptorul la 350 de grade F și coaceți timp de 15 minute.
7. Scoateți folia și coaceți încă 15 minute.
8. Presărați coriandru deasupra și serviți.

Să te bucuri!

Cura de slabire: calorii 240, grăsimi 12, fibre 5, carbohidrați 5, proteine 20

Frigarui grozave de bacon si ciuperci

Ai nevoie doar de aproximativ 20 de minute pentru acest prânz simplu și foarte gustos!

Timp de preparare: 10 minute.

Timp de preparare: 20 de minute.

Porții: 6

Ingrediente:

- 1 kilogram de capace de ciuperci
- 6 fasii de bacon
- Sare si piper negru dupa gust
- ½ lingurita boia dulce
- Niște mezquite dulce

Adrese:

1. Se condimentează capacele de ciuperci cu sare, piper și boia de ardei.
2. Așezați o fâșie de slănină pe capetele frigăruilor.
3. Puneți capacul de ciuperci și aranjați baconul.
4. Repetați până când aveți o împletitură cu ciuperci și bacon.
5. Repetați cu restul de ciuperci și fâșii de bacon.

6. Se condimenteaza cu mezquite dulce, se aseaza toate frigaruile pe un gratar de bucatarie preincalzit la foc mediu, se fierbe 10 minute, se intoarce si se fierbe inca 10 minute.
7. Se imparte in farfurii si se serveste la pranz cu o salata! Să te bucuri!

Cura de slabire: calorii 110, grăsimi 7, fibre 4, carbohidrați 2, proteine 10

supă simplă de roșii

Ai nevoie doar de 5 minute pentru a pregăti un prânz keto!

Timp de preparare: 10 minute.

Timp de preparare: 5 minute.

Porții: 4

Ingrediente:

- 1 litru de supă de roșii la conserva
- 4 linguri de ghee
- ¼ cană de ulei de măsline
- ¼ cană sos roșu iute
- 2 linguri de otet de mere
- Sare si piper negru dupa gust
- 1 lingurita de oregano uscat
- 2 lingurițe de turmeric, măcinat
- 8 fasii de bacon, fierte si maruntite
- O mână de ceapă tocată
- O mână de frunze de busuioc tocate

Adrese:

1. Puneți supa de roșii într-o oală și încălziți-o la foc mediu.

2. Adăugați ulei de măsline, ghee, chutney, oțet, sare, piper, turmeric și oregano, amestecați și fierbeți timp de 5 minute.
3. Luați de pe foc, împărțiți supa în boluri, acoperiți cu slănină mărunțită, busuioc și ceapă primăvară.

Să te bucuri!

Cura de slabire: calorii 400, grăsimi 34, fibre 7, carbohidrați 10, proteine 12

Cârnați învelite în slănină

Sunt atât de delicioase! O să-ți placă cu adevărat acest prânz keto!

Timp de preparare: 10 minute.
Timp de preparare: 30 minute.
Porții: 4

Ingrediente:

- 8 fasii de bacon
- 8 cârnați
- 16 felii de brânză cu boia de ardei
- Sare si piper negru dupa gust
- Un praf de usturoi pudră
- ½ lingurita boia dulce
- 1 praf de praf de ceapa

Adrese:

1. Se incinge gratarul de bucatarie la foc mediu, se adauga carnatii, se fierbe cateva minute pe fiecare parte, se transfera pe o farfurie si se lasa la racit cateva minute.
2. Taiati cate o fanta in centrul fiecarui carnati pentru a face buzunare, umpleti fiecare cu 2 felii de branza si

asezonati cu sare, piper, boia de ardei, ceapa si usturoi pudra.
3. Înfășurați fiecare cârnați umplut într-o fâșie de slănină, fixați cu scobitori, puneți pe o foaie de copt căptușită, puneți la cuptorul la 400 de grade F și coaceți timp de 15 minute.
4. Se servește fierbinte la prânz!

Să te bucuri!

Cura de slabire: calorii 500, grăsimi 37, fibre 12, carbohidrați 4, proteine 40

Bisque de homar la prânz

Căutați o rețetă specială de prânz keto? Încercați asta mai departe!

Timp de preparare: 10 minute.

Timp de gătire: 1 oră.

Porții: 4

Ingrediente:

- 4 catei de usturoi, tocati
- 1 cap mic de ceapa rosie, tocat
- 24 uncii bucăți de homar, pregătite
- Sare si piper negru dupa gust
- ½ cană pastă de tomate
- 2 morcovi, tocați mărunt
- 4 tulpini de telina, tocate
- 1 litru de supă de fructe de mare
- 1 lingura de ulei de masline
- 1 cană smântână groasă
- 3 foi de dafin
- 1 lingurita de cimbru uscat
- 1 lingurita boabe de piper
- 1 lingurita boia

- 1 lingurita guma xantan
- O mână de pătrunjel tocat
- 1 lingura de suc de lamaie

Adrese:
1. Se incinge o oala cu ulei la foc mediu, se adauga ceapa, se amesteca si se caleste 4 minute.
2. Adăugați usturoiul, amestecați și gătiți încă 1 minut.
3. Adăugați țelina și morcovul, amestecați și gătiți timp de 1 minut.
4. Adauga pasta de rosii si supa si amesteca totul.
5. Adăugați frunza de dafin, sare, piper, boabe de piper, boia de ardei, cimbru și guma xantan, amestecați și gătiți la foc mediu timp de 1 oră.
6. Aruncați foile de dafin, adăugați smântâna și lăsați-o să fiarbă ușor.
7. Se amestecă cu un blender de imersie, se adaugă bucățile de homar și se mai gătesc câteva minute.
8. Adaugam zeama de lamaie, amestecam, impartim in boluri si presaram patrunjel deasupra.

Să te bucuri!

Cura de slabire: calorii 200, grăsimi 12, fibre 7, carbohidrați 6, proteine 12

Salată halloumi simplă

Pur și simplu adună toate ingredientele de care ai nevoie și bucură-te de unul dintre cele mai bune prânzuri keto!

Timp de preparare: 10 minute.
Timp de preparare: 10 minute.
Porții: 1

Ingrediente:

- 3 uncii de brânză halloumi, feliată
- 1 castravete tăiat felii
- 1 uncie nuci tocate
- Puțin ulei de măsline
- O mână de rucola tânără
- 5 roșii cherry, tăiate în jumătate
- Puțin oțet balsamic
- Sare si piper negru dupa gust

Adrese:

1. Încinge grătarul de bucătărie la o temperatură medie-înaltă, adaugă bucățile de halloumi, gătește 5 minute pe fiecare parte și transferă pe o farfurie.

2. Amesteca rosiile cu castraveti, nuca si rucola intr-un castron.
3. Deasupra se adauga bucatele de halloumi, se condimenteaza totul cu sare si piper, se stropesc cu ulei si otet, se amesteca si se serveste.

Să te bucuri!

Cura de slabire: calorii 450, grăsimi 43, fibre 5, carbohidrați 4, proteine 21

Tocană la prânz

Este atât de sățios și de delicios! Ai încredere în noi!

Timp de preparare: 10 minute.
Timp de gătit: 3 ore și 30 de minute
Porții: 6

Ingrediente:

- 8 rosii tocate
- 5 kilograme de pulpă de vită
- 3 morcovi tocati
- 8 catei de usturoi, tocati
- 2 cepe tocate
- 2 căni de apă
- 1 litru de bulion de pui
- ¼ cană sos de roșii
- Sare si piper negru dupa gust
- 2 linguri de otet de mere
- 3 foi de dafin
- 3 lingurițe de ardei roșu măcinat
- 2 lingurite de patrunjel uscat
- 2 lingurite de busuioc uscat

- 2 linguriţe de usturoi pudră
- 2 lingurite de praf de ceapa
- Un praf de piper cayenne

Adrese:

1. Se incinge oala la foc mediu, se adauga usturoiul, morcovul si ceapa, se amesteca si se prajesc cateva minute.
2. Se incinge tigaia la foc mediu, se adauga pulpa de vita, se prajeste cateva minute pe fiecare parte si se ia de pe foc.
3. Adăugaţi bulionul peste morcovi, apă şi oţet şi amestecaţi.
4. Adăugaţi roşiile, sosul de roşii, sare, piper, piper cayenne, boia de ardei, foile de dafin, busuioc, pătrunjel, praf de ceapă şi pudră de usturoi şi amestecaţi.
5. Adăugaţi butoaiele de vită, acoperiţi oala, aduceţi la fiert şi gătiţi timp de 3 ore.
6. Aruncaţi foile de dafin, împărţiţi-le în boluri şi serviţi.

Să te bucuri!

Cura de slabire: calorii 500, grăsimi 22, fibre 4, carbohidraţi 6, proteine 56

Pui și creveți

Este o combinație grozavă! Vei vedea!

Timp de preparare: 10 minute.
Timp de preparare: 20 de minute.
Porții: 2

Ingrediente:

- 20 de creveți, cruzi, curățați și curățați
- 2 piept de pui, fara piele si dezosat
- 2 pumni de frunze de spanac
- ½ kilogram de ciuperci, tocate
- Sare si piper negru dupa gust
- ¼ cană maioneză
- 2 linguri de sriracha
- 2 lingurite de suc de lamaie
- 1 lingura de ulei de cocos
- ½ linguriță de ardei roșu măcinat
- 1 lingurita de praf de usturoi
- ½ lingurita boia
- ¼ lingurita de guma xantan
- 1 tulpina de ceapa primavara, tocata

Adrese:

1. Se incinge o tigaie cu ulei la foc mediu, se adauga piept de pui, se condimenteaza cu sare, piper, piper rosu si praf de usturoi, se fierbe 8 minute, se intoarce si se mai fierbe 6 minute.
2. Adăugați ciupercile, mai multă sare și piper și gătiți câteva minute.
3. Se încălzește o altă tigaie la foc mediu, se adaugă creveții, sriracha, boia de ardei, xantan și maioneza, se amestecă și se gătesc până când creveții devin maro auriu.
4. Se ia de pe foc, se adauga zeama de lamaie si se amesteca totul.
5. Împărțiți spanacul în farfurii, împărțiți puiul și ciupercile, acoperiți cu amestec de creveți, decorați cu ceapă verde și serviți.

Să te bucuri!

Cura de slabire: calorii 500, grăsimi 34, fibre 10, carbohidrați 3, proteine 40

Supă verde

Acesta este pur şi simplu uimitor!

Timp de preparare: 10 minute.
Timp de gătire: 13 minute.
Porţii: 6

Ingrediente:

- 1 cap de conopida, florile separate
- 1 cap de usturoi, tocat marunt
- 1 frunză de dafin, măcinată
- 2 catei de usturoi, tocati
- 5 uncii de nasturel
- 7 uncii frunze de spanac
- 1 litru de supă de legume
- 1 cană de lapte de cocos
- Sare si piper negru dupa gust
- ¼ cană ghee
- O mână de pătrunjel, pentru servire

Adrese:

1. Se încălzeşte o oală cu ghee la foc mediu, se adaugă usturoiul şi ceapa, se amestecă şi se prăjesc timp de 4 minute.
2. Adăugaţi conopida şi dafinul, amestecaţi şi gătiţi timp de 5 minute.
3. Adăugaţi nasturel şi spanacul, amestecaţi şi gătiţi timp de 3 minute.
4. Se adauga bulionul, sare si piper, se amesteca si se lasa sa fiarba.
5. Adăugaţi laptele de cocos, amestecaţi, luaţi de pe foc şi amestecaţi cu un mixer.
6. Împărţiţi în boluri şi serviţi imediat.

Să te bucuri!

Cura de slabire: calorii 230, grăsimi 34, fibre 3, carbohidraţi 5, proteine 7

Salata caprese

Acesta este bine cunoscut în întreaga lume, dar știați că poate fi folosit atunci când urmați o dietă ketogenă?

Timp de preparare: 5 minute.
Timp de preparare: 0 minute.
Porții: 2

Ingrediente:

- ½ kg de brânză mozzarella, feliată
- 1 roșie feliată
- Sare si piper negru dupa gust
- 4 frunze de busuioc, tocate
- 1 lingura de otet balsamic
- 1 lingura de ulei de masline

Adrese:

1. Alternați feliile de roșii și mozzarella pe 2 farfurii.
2. Stropiți cu sare, piper, oțet și ulei de măsline.
3. La final se presara cu frunze de busuioc si se serveste.

Să te bucuri!

Cura de slabire: calorii 150, grăsimi 12, fibre 5, carbohidrați 6, proteine 9

supa de somon

Este atât de cremoasă!

Timp de preparare: 10 minute.
Timp de preparare: 25 minute.
Porții: 4

Ingrediente:

- Tăiați și feliați 4 praz
- Sare si piper negru dupa gust
- 2 linguri de ulei de avocado
- 2 catei de usturoi, tocati
- 6 căni de supă de pui
- 1 kilogram de somon, tăiat în bucăți mici
- 2 lingurite de cimbru uscat
- 1 și ¾ cani de lapte de cocos

Adrese:

1. Se incinge o oala cu ulei la foc mediu, se adauga prazul si usturoiul, se amesteca si se fierbe 5 minute.
2. Adăugați cimbru, bulion, sare și piper, amestecați și fierbeți timp de 15 minute.
3. Adăugați laptele de cocos și somonul, amestecați și fierbeți din nou.

4. Împărțiți în boluri și serviți imediat.

Să te bucuri!

Cura de slabire: calorii 270, grăsimi 12, fibre 3, carbohidrați 5, proteine 32

Uimitoare ciorbă de căptușeală

Dacă urmați o dietă ketogenă, cu siguranță ar trebui să încercați această idee de prânz!

Timp de preparare: 10 minute.
Timp de preparare: 30 minute.
Porții: 4

Ingrediente:

- 1 ceapa galbena tocata
- 1 kg morcovi, feliați
- 1 lingura de ulei de cocos
- Sare si piper negru dupa gust
- 2 linguri de ghimbir tocat
- 1 cană de apă
- 1 kg de căptușeală, tăiată în bucăți medii
- 12 căni de supă de pui

Adrese:

1. Se incinge o oala cu ulei la foc mediu, se adauga ceapa, se amesteca si se caleste 6 minute.

2. Adăugați ghimbirul, morcovul, apa și bulionul, amestecați și aduceți la fierbere, reduceți focul și fierbeți timp de 20 de minute.
3. Se amestecă supa cu un blender de imersie, se condimentează cu sare și piper și se adaugă bucăți de căptușeală.
4. Se amestecă ușor și se fierbe supa încă 5 minute.
5. Împărțiți în boluri și serviți.

Să te bucuri!

Cura de slabire: calorii 140, grăsimi 6, fibre 1, carbohidrați 4, proteine 14

Rețete pentru garnituri keto

kimchi simplu

Serveşte asta cu friptură!

Timp de pregatire: 1 oră şi 10 minute
Timp de preparare: 0 minute.
Porţii: 6

Ingrediente:

- 3 linguri de sare
- 1 kilogram de varză napa, tocată
- 1 morcov tăiat juliană
- ½ cană ridiche daikon
- 3 tulpini de ceapa primavara, tocate
- 1 lingura de sos de peste
- 3 linguri de fulgi de chili
- 3 catei de usturoi, tocati
- 1 lingura ulei de susan
- ½ inch ghimbir, ras

Adrese:

1. Amesteca varza cu sare intr-un bol, maseaza bine 10 minute, acopera si lasa sa stea 1 ora.

2. Amestecați fulgii de chili cu sosul de pește, usturoiul, uleiul de susan și ghimbirul într-un castron și amestecați bine.
3. Scurgeți bine varza, clătiți cu apă rece și transferați într-un castron.
4. Adauga morcovul, ceapa primavara, ridichea si pasta de chili si amesteca totul.
5. Lăsați într-un loc răcoros și întunecat timp de cel puțin 2 zile înainte de a servi ca garnitură pentru friptura keto.

Să te bucuri!

Cura de slabire: calorii 60, grăsimi 3, fibre 2, carbohidrați 5, proteine 1

O garnitură delicioasă de fasole verde

Cu siguranță vă veți bucura de această garnitură grozavă!

Timp de preparare: 10 minute.

Timp de preparare: 10 minute.

Porții: 4

Ingrediente:

- 2/3 cană parmezan ras
- 1 ou
- 12 uncii de fasole verde
- Sare si piper negru dupa gust
- ½ linguriță de pudră de usturoi
- ¼ lingurita boia

Adrese:

1. Într-un castron, amestecați parmezanul cu sare, piper, praf de usturoi și boia și amestecați.
2. Într-un alt bol, bate oul cu sare și piper.
3. Scurgeți fasolea verde în ou și apoi în amestecul de parmezan.
4. Așezați fasolea verde pe o foaie de copt căptușită, puneți la cuptorul la 400 de grade F timp de 10 minute.

5. Se serveşte fierbinte ca garnitură.

Să te bucuri!

Cura de slabire: calorii 114, grăsimi 5, fibre 7, carbohidraţi 3, proteine 9

Terci simplu de conopidă

Acest piure simplu keto se potriveşte bine cu un fel de mâncare din carne!

Timp de preparare: 10 minute.
Timp de preparare: 10 minute.
Porții: 2

Ingrediente:

- ¼ cană de smântână
- 1 cap mic de conopida, florile separate
- Sare si piper negru dupa gust
- 2 linguri de branza feta, maruntita
- 2 linguri de masline negre, fara samburi si taiate felii

Adrese:

1. Se pune apa intr-o oala, se adauga putina sare, se da la fiert la foc mediu, se adauga flori, se fierbe 10 minute, se ia de pe foc si se scurge.
2. Se pune conopida înapoi în oală, se adaugă sare şi piper negru după gust şi smântână şi se amestecă cu un blender de imersie.

3. Adăugați măsline negre și brânză feta, amestecați și serviți ca garnitură.

Să te bucuri!

Cura de slabire: calorii 100, grăsimi 4, fibre 2, carbohidrați 3, proteine 2

Ciuperci Portobello delicioase

Acestea sunt pur și simplu cele mai bune! Este o garnitură grozavă keto!

Timp de preparare: 10 minute.
Timp de preparare: 10 minute.
Porții: 4

Ingrediente:

- 12 uncii ciuperci Portobello, feliate
- Sare si piper negru dupa gust
- ½ linguriță de busuioc uscat
- 2 linguri de ulei de măsline
- ½ linguriță de tarhon uscat
- ½ linguriță de rozmarin uscat
- ½ linguriță de cimbru uscat
- 2 linguri de otet balsamic

Adrese:

1. Intr-un castron amestecam uleiul cu otetul, sarea, piperul, rozmarinul, tarhonul, busuiocul si cimbrul si amestecam bine.

2. Adăugați feliile de ciuperci, amestecați pentru a se acoperi bine, puneți pe un grătar preîncălzit la foc mediu, gătiți timp de 5 minute pe ambele părți și serviți ca garnitură keto.

Să te bucuri!

Cura de slabire: calorii 80, grăsimi 4, fibre 4, carbohidrați 2, proteine 4

Garnitura de varza de Bruxelles

Aceasta este o garnitură în stil asiatic care trebuie încercat!

Timp de preparare: 10 minute.

Timp de preparare: 10 minute.

Porții: 4

Ingrediente:
- 1 liră varză de Bruxelles, tăiată și tăiată la jumătate
- Sare si piper negru dupa gust
- 1 lingurita de susan
- 1 lingura de ceapa primavara tocata
- 1 și ½ linguriță de sirop de aur sukrin
- 1 lingură de aminoacizi de cocos
- 2 linguri de ulei de susan
- 1 lingură sriracha

Adrese:

1. Într-un castron, amestecați uleiul de susan cu aminoacizii de cocos, sriracha, siropul, sare și piper negru și amestecați bine.
2. Se incinge tigaia la foc mediu, se adauga varza de Bruxelles si se fierbe 5 minute pe fiecare parte.

3. Se adauga amestecul de ulei de susan, se amesteca, se presara cu seminte de susan si ceapa verde, se amesteca din nou si se serveste drept garnitura.

Să te bucuri!

Cura de slabire: calorii 110, grăsimi 4, fibre 4, carbohidrați 6, proteine 4

Pesto delicios

Puteți servi acest pesto keto cu un preparat delicios de pui!

Timp de preparare: 10 minute.

Timp de preparare: 0 minute.

Porții: 4

Ingrediente:

- ½ cană de ulei de măsline
- 2 căni de busuioc
- 1/3 cană de nuci de pin
- 1/3 cană parmezan ras
- 2 catei de usturoi, tocati
- Sare si piper negru dupa gust

Adrese:

1. Asezati busuiocul intr-un robot de bucatarie, adaugati nucile de pin si usturoiul si amestecati bine.
2. Adăugați treptat parmezan, sare, piper și ulei și amestecați din nou până obțineți o pastă.
3. Se serveste cu pui!

Să te bucuri!

Cura de slabire: calorii 100, grăsimi 7, fibre 3, carbohidrați 1, proteine 5

Varza de Bruxelles si bacon

Vă veți iubi de acum înainte varza de Bruxelles!

Timp de preparare: 10 minute.
Timp de preparare: 30 minute.
Porții: 4

Ingrediente:

- 8 fasii de bacon, tocate
- 1 liră varză de Bruxelles, tăiată și tăiată la jumătate
- Sare si piper negru dupa gust
- Un praf de chimen, macinat
- Un praf de piper rosu macinat
- 2 linguri ulei de masline extravirgin

Adrese:

1. Amesteca varza de Bruxelles cu sare, piper, chimen, ardei rosu si ulei intr-un bol si amesteca.
2. Aranjați varza de Bruxelles pe o foaie de copt tapetată, puneți-le într-un cuptor la 375 de grade F și coaceți timp de 30 de minute.
3. Între timp, se încălzește o tigaie la foc mediu, se adaugă bucăți de bacon și se fierbe până devine crocant.

4. Aranjați varza de Bruxelles prăjită pe farfurii, stropiți cu slănină și serviți imediat ca garnitură.

Să te bucuri!

Cura de slabire: calorii 256, grăsimi 20, fibre 6, carbohidrați 5, proteine 15

O garnitură delicioasă cu spanac

Acesta este foarte cremos și delicios!

Timp de preparare: 10 minute.

Timp de preparare: 15 minute.

Porții: 2

Ingrediente:

- 2 catei de usturoi, tocati
- 8 uncii frunze de spanac
- Puțin ulei de măsline
- Sare si piper negru dupa gust
- 4 linguri de smantana
- 1 lingura de ghee
- 2 linguri de parmezan ras

Adrese:

1. Se încălzește o tigaie cu ulei la foc mediu, se adaugă spanacul, se amestecă și se fierbe până se ofilește.
2. Adăugați sare, piper, ghee, parmezan și ghee, amestecați și gătiți timp de 4 minute.
3. Adăugați smântână, amestecați și gătiți încă 5 minute.
4. Împărțiți în farfurii și serviți ca garnitură.

Să te bucuri!

Cura de slabire: calorii 133, grăsimi 10, fibre 4, carbohidrați 4, proteine 2

Cartofi prajiti grozavi cu avocado

Încearcă-le ca garnitură la o friptură delicioasă!

Timp de preparare: 10 minute.

Timp de preparare: 5 minute.

Porții: 3

Ingrediente:

- 3 avocado, fără sâmburi, decojite, tăiate în jumătate și feliate
- 1 cană și jumătate de ulei de floarea soarelui
- 1 cană și jumătate de făină de migdale
- Un praf de piper cayenne
- Sare si piper negru dupa gust

Adrese:

1. Se amestecă făina de migdale cu sare, piper și cayenne într-un bol și se amestecă.
2. Într-un alt castron, batem ouăle cu un praf de sare și piper.
3. Înmuiați bucățile de avocado în ou și apoi în amestecul de făină de migdale.

4. Se incinge o tigaie cu ulei la foc mediu, se adauga cartofii prajiti de avocado si se fierbe pana se rumenesc.
5. Transferați pe prosoape de hârtie, scurgeți grăsimea și împărțiți în farfurii.
6. Serviți ca garnitură.

Să te bucuri!

Cura de slabire: calorii 450, grăsimi 43, fibre 4, carbohidrați 7, proteine 17

Conopidă simplă prăjită

Este atât de delicios și atât de ușor de făcut acasă! Este o garnitură grozavă keto!

Timp de preparare: 10 minute.
Timp de preparare: 25 minute.
Porții: 6

Ingrediente:

- 1 cap de conopida, florile separate
- Sare si piper negru dupa gust
- 1/3 cană parmezan ras
- 1 lingura de patrunjel tocat
- 3 linguri de ulei de măsline
- 2 linguri ulei de masline extravirgin

Adrese:

1. Intr-un castron amestecam uleiul cu usturoiul, sarea, piperul si buchetelele de conopida.
2. Se amestecă pentru a se acoperi bine, se întinde pe o foaie de copt tapetată, se pune într-un cuptor la 450 de grade F și se coace timp de 25 de minute, amestecând la jumătate.

3. Se adauga parmezanul si patrunjelul, se amesteca si se fierbe inca 5 minute.
4. Împărțiți între farfurii și serviți ca garnitură keto.

Să te bucuri!

Cura de slabire: calorii 118, grăsimi 2, fibre 3, carbohidrați 1, proteine 6

Garnitura de ciuperci si spanac

Aceasta este o garnitură keto în stil italian care merită încercată cât mai curând posibil!

Timp de preparare: 10 minute.

Timp de preparare: 10 minute.

Porții: 4

Ingrediente:

- 10 uncii frunze de spanac tocate
- Sare si piper negru dupa gust
- 14 uncii ciuperci tocate
- 2 catei de usturoi, tocati
- O mână de pătrunjel tocat
- 1 ceapa galbena tocata
- 4 linguri de ulei de măsline
- 2 linguri de otet balsamic

Adrese:

1. Se incinge o tigaie cu ulei la foc mediu, se adauga usturoiul si ceapa, se amesteca si se fierbe 4 minute.
2. Adăugați ciupercile, amestecați și gătiți încă 3 minute.

3. Adăugați spanacul, amestecați și gătiți timp de 3 minute.
4. Adăugați oțet, sare și piper, amestecați și gătiți încă 1 minut.
5. Se adauga patrunjel, se amesteca, se imparte in farfurii si se serveste fierbinte ca garnitura.

Să te bucuri!

Cura de slabire: calorii 200, grăsimi 4, fibre 6, carbohidrați 2, proteine 12

Roșii și bame delicioase

Acest lucru este foarte simplu și ușor de făcut! Este una dintre cele mai bune părți keto de până acum!

Timp de preparare: 10 minute.
Timp de preparare: 10 minute.
Porții: 6

Ingrediente:

- 14 uncii de roșii înăbușite, tocate
- Sare si piper negru dupa gust
- 2 tulpini de telina, tocate
- 1 ceapa galbena tocata
- 1 kilogram de bame, feliate
- 2 felii de bacon, tocate
- 1 ardei verde mic, tocat

Adrese:

1. Se incinge tigaia la foc mediu, se adauga baconul, se amesteca, se prajeste cateva minute, se transfera pe prosoape de hartie si se lasa deoparte deocamdata.

2. Se încălzeşte tigaia din nou la foc mediu, se adaugă bame, ardeiul, ceapa şi ţelina, se amestecă şi se fierbe timp de 2 minute.
3. Adăugaţi roşiile, sare şi piper, amestecaţi şi gătiţi timp de 3 minute.
4. Se împarte în farfurii, se ornează cu bacon crocant şi se serveşte.

Să te bucuri!

Cura de slabire: calorii 100, grăsimi 2, fibre 3, carbohidraţi 2, proteine 6

Mazăre și mentă uimitoare

Această garnitură nu este potrivită doar pentru keto! De asemenea, este ușor și rapid!

Timp de preparare: 10 minute.
Timp de preparare: 5 minute.
Porții: 4

Ingrediente:

- ¾ de kilogram de mazăre snap de zahăr, tocată
- Sare si piper negru dupa gust
- 1 lingura de frunze de menta tocate
- 2 lingurite de ulei de masline
- 3 cepe verde, tocate
- 1 catel de usturoi, tocat

Adrese:

1. Încinge o tigaie cu ulei la foc mediu.
2. Adăugați mazăre, sare, piper, arpagic, usturoi și menta.
3. Se amestecă totul, se gătește timp de 5 minute, se împarte în farfurii și se servește ca garnitură la friptura de porc.

Să te bucuri!

Cura de slabire: calorii 70, grăsimi 1, fibre 1, carbohidrați 0,4, proteine 6

Decorați cu verdeață

Acest lucru este incredibil de uimitor!

Timp de preparare: 10 minute.
Timp de gătit: 2 ore si 15 minute
Porții: 10

Ingrediente:

- 5 legături de frunze de varză tocate
- Sare si piper negru dupa gust
- 1 lingura de ardei rosu macinat
- 5 căni de supă de pui
- 1 tobă de curcan
- 2 linguri de usturoi tocat
- ¼ cană de ulei de măsline

Adrese:

1. Se incinge o oala cu ulei la foc mediu, se adauga usturoiul, se amesteca si se fierbe 1 minut.
2. Adăugați bulion, sare, piper și pulpă de curcan, amestecați, acoperiți și fierbeți timp de 30 de minute.
3. Adăugați frunzele de varză, acoperiți din nou tigaia și gătiți încă 45 de minute.

4. Reduceți focul la mediu, adăugați mai multă sare și piper, amestecați și gătiți timp de 1 oră.
5. Scurgeți legumele, stropiți cu fulgi de ardei roșu, amestecați, împărțiți în farfurii și serviți ca garnitură.

Să te bucuri!

Cura de slabire: calorii 143, grăsimi 3, fibre 4, carbohidrați 3, proteine 6

Garnitura de vinete si rosii

Este o garnitură keto pe care o vei face din nou și din nou!

Timp de preparare: 10 minute.
Timp de preparare: 15 minute.
Porții: 4

Ingrediente:

- 1 roșie feliată
- 1 vinete, taiata in felii subtiri
- Sare si piper negru dupa gust
- ¼ cană de parmezan ras
- Puțin ulei de măsline

Adrese:

1. Pe o tava tapetata se aranjeaza feliile de vinete, se stropesc cu putin ulei si se stropesc cu jumatate din parmezan.
2. Acoperiți feliile de vinete cu felii de roșii, asezonați cu sare și piper după gust și presărați deasupra restul de brânză.
3. Puneți la cuptorul la 400 de grade F și coaceți timp de 15 minute.

4. Împărțiți în farfurii și serviți fierbinți ca garnitură. Să te bucuri!

Cura de slabire: calorii 55, grăsimi 1, fibre 1, carbohidrați 0,5, proteine 7

Broccoli cu lamaie si unt de migdale

Această garnitură este perfectă pentru friptură la grătar!

Timp de preparare: 10 minute.
Timp de preparare: 10 minute.
Porții: 4

Ingrediente:

- 1 cap de broccoli, buchețele separate
- Sare si piper negru dupa gust
- ¼ cană migdale albite
- 1 lingurita de coaja de lamaie
- ¼ cană unt de cocos topit
- 2 linguri de suc de lamaie

Adrese:

1. Intr-o oala se pune apa, se pune sare si se lasa sa fiarba la foc mediu.
2. Puneți buchețelele de broccoli în coșul pentru aburi, puneți-le în oală, acoperiți și fierbeți la abur timp de 8 minute.
3. Scurgeți și transferați într-un bol.

4. Se incinge o tigaie cu unt de cocos la foc mediu, se adauga zeama de lamaie, coaja de lamaie si migdale, se amesteca si se ia de pe foc.
5. Adăugați broccoli, amestecați, împărțiți în farfurii și serviți ca garnitură keto.

Să te bucuri!

Cura de slabire: calorii 170, grăsimi 15, fibre 4, carbohidrați 4, proteine 4

Broccoli simplu înăbușit

Serviți cu pui sau pește la prăjit!

Timp de preparare: 10 minute.
Timp de preparare: 22 minute.
Porții: 4

Ingrediente:

- 5 linguri de ulei de măsline
- 1 catel de usturoi, tocat
- 1 kilogram de buchețe de broccoli
- 1 lingura de parmezan ras
- Sare si piper negru dupa gust

Adrese:

1. Se pune apa intr-o oala, se adauga sare, se da la fiert la foc mediu, se adauga broccoli, se fierbe 5 minute si se scurge.
2. Se incinge o tigaie cu ulei la foc mediu, se adauga usturoiul, se amesteca si se fierbe 2 minute.
3. Adăugați broccoli, amestecați și gătiți timp de 15 minute.

4. Se ia de pe foc, se presara cu parmezan, se imparte in farfurii si se serveste.

Să te bucuri!

Cura de slabire: calorii 193, grăsimi 14, fibre 3, carbohidrați 6, proteine 5

Ceapa prajita usor

Această garnitură keto este perfectă pentru friptură!

Timp de preparare: 10 minute.

Timp de gătire: 1 oră.

Porții: 4

Ingrediente:

- ½ cană ghee
- 4 cepe
- 4 cuburi de supa de pui
- Sare si piper negru

Abordare:

1. Tăiați vârful cepei, faceți o adâncitură în mijloc, întindeți ghee și cuburi de supă de pui în aceste fântâni și asezonați cu sare și piper.
2. Înveliți ceapa în folie de aluminiu, puneți-o pe grătarul de bucătărie încălzit și coaceți timp de 1 oră.
3. Desfaceți ceapa, tăiați-o mai mare, puneți-o pe farfurii și serviți ca garnitură.

Să te bucuri!

Cura de slabire: calorii 135, grăsimi 11, fibre 4, carbohidrați 6, proteine 3

Dovlecel fiert

Serviți-le cu carne de pui și bucurați-vă de o masă perfectă!

Timp de preparare: 10 minute.
Timp de preparare: 15 minute.
Porții: 6

Ingrediente:

- 1 ceapa rosie, tocata
- 1 rosie tocata
- 1/2 kilogram de roșii mărunțite
- Sare si piper negru dupa gust
- 1 catel de usturoi, tocat
- 1 catel de usturoi, tocat
- 1 lingurita de condimente italiene
- 4 dovlecei tăiați felii

Adrese:

1. Se incinge o tigaie cu ulei la foc mediu, se adauga ceapa, sare si piper, se amesteca si se fierbe 2 minute.
2. Adăugați ciupercile și dovleceii, amestecați și gătiți timp de 5 minute.

3. Adăugați usturoiul, roșiile și condimentele italiene, amestecați și gătiți încă 6 minute.
4. Se ia de pe foc, se imparte in farfurii si se serveste drept garnitura.

Să te bucuri!

Cura de slabire: calorii 70, grăsimi 3, fibre 2, carbohidrați 6, proteine 4

Delicioase smog elvețieni prăjiți

Trebuie să încercați această garnitură keto! Merge perfect cu carnea la gratar!

Timp de preparare: 10 minute.
Timp de preparare: 10 minute.
Porții: 2

Ingrediente:

- 2 linguri de ghee
- 4 felii de bacon, tocate
- 1 legătură de smog elvețian, tocată
- ½ linguriță de pastă de usturoi
- 3 linguri de suc de lamaie
- Sare si piper negru dupa gust

Adrese:

1. Se incinge tigaia la foc mediu, se adauga bucatile de bacon si se fierbe pana devin crocante.
2. Adăugați ghee și amestecați până se topește.
3. Adăugați pasta de usturoi și sucul de lămâie, amestecați și gătiți timp de 1 minut.

4. Adăugați smog elvețian, amestecați și gătiți timp de 4 minute.
5. Asezonați cu sare și piper după gust, amestecați, împărțiți în farfurii și serviți ca garnitură keto.

Să te bucuri!

Cura de slabire: calorii 300, grăsimi 32, fibre 7, carbohidrați 6, proteine 8

Salată delicioasă de ciuperci

Acesta este cu adevărat delicios și ușor de făcut!

Timp de preparare: 10 minute.

Timp de preparare: 10 minute.

Porții: 4

Ingrediente:

- 2 linguri de ghee
- 1 kg de ciuperci cremini, tocate
- 4 linguri ulei de masline extravirgin
- Sare si piper negru dupa gust
- 4 legături de rucola
- 8 felii de prosciutto
- 2 linguri de otet de mere
- 8 rosii uscate in ulei, scurse si tocate
- Puțină brânză de parmezan
- Niște frunze de pătrunjel tocate

Adrese:

1. Încinge o tigaie cu ghee și jumătate de ulei la foc mediu.

2. Adăugați ciupercile, sare și piper, amestecați și gătiți timp de 3 minute.
3. Reduceți focul, amestecați din nou și gătiți încă 3 minute.
4. Adăugați restul de ulei și oțet, amestecați și gătiți încă 1 minut.
5. Asezam rucola pe o tava de servire, adaugam prosciutto, adaugam amestecul de ciuperci, rosii uscate la soare, mai multa sare si piper, parmezan si ras de patrunjel si servim.

Să te bucuri!

Cura de slabire: calorii 160, grăsimi 4, fibre 2, carbohidrați 2, proteine 6

salată grecească

Pregătește-te pentru o combinație fantastică de ingrediente! Încercați imediat această salată uimitoare!

Timp de preparare: 10 minute.
Timp de preparare: 7 minute.
Porții: 6

Ingrediente:

- ½ kilogram de ciuperci, feliate
- 1 lingura ulei de masline extravirgin
- 3 catei de usturoi, tocati
- 1 lingurita busuioc uscat
- Sare si piper negru dupa gust
- 1 roșie, tăiată cubulețe
- 3 linguri de suc de lamaie
- ½ cană de apă
- 1 lingura coriandru tocat

Adrese:

1. Se incinge o tigaie cu ulei la foc mediu, se adauga ciupercile, se amesteca si se fierbe 3 minute.

2. Adăugați busuioc și usturoi, amestecați și gătiți încă 1 minut.
3. Adăugați apă, sare, piper, roșii și sucul de lămâie, amestecați și gătiți încă câteva minute.
4. Se ia de pe foc, se transfera intr-un bol, se lasa sa se raceasca, se presara cu coriandru si se serveste.

Să te bucuri!

Cura de slabire: calorii 200, grăsimi 2, fibre 2, carbohidrați 1, proteine 10

ketchup

Este garnitura keto perfectă, mai simplă!

Timp de preparare: 2 ore.
Timp de preparare: 0 minute.
Porții: 5

Ingrediente:

- 3 rosii galbene, fara samburi si tocate
- 1 rosie rosie, fara samburi si tocata
- Sare si piper negru dupa gust
- 1 cană de pepene verde, fără semințe și tocat
- 1/3 cana de ceapa rosie tocata marunt
- 1 mango, decojit, fără sămânță și tocat
- 2 ardei jalapeno, tocati marunt
- ¼ cană coriandru tocat mărunt
- 3 linguri de suc de lamaie
- 2 lingurite de miere

Adrese:

1. Într-un castron, amestecați roșiile galbene și roșii cu mango, pepene verde, ceapă și jalapeño.

2. Adauga coriandru, zeama de lamaie, sare, piper dupa gust si miere si amesteca bine.
3. Acoperiți vasul, dați la frigider pentru 2 ore și serviți ca garnitură keto.

Să te bucuri!

Cura de slabire: calorii 80, grăsimi 1, fibre 2, carbohidrați 1, proteine 4

Salata de vara

Va fi cea mai bună salată de vară!

Timp de preparare: 10 minute.

Timp de preparare: 5 minute.

Porții: 6

Ingrediente:

- ½ cană ulei de măsline extravirgin
- 1 castravete tocat
- 2 baghete, tăiate cubulețe mici
- 2 litri de roșii cherry colorate, tăiate în jumătate
- Sare si piper negru dupa gust
- 1 ceapa rosie, tocata
- 3 linguri de otet balsamic
- 1 catel de usturoi, tocat
- 1 legătură de busuioc tocat

Adrese:

1. Turnați jumătate din ulei peste cuburile de pâine într-un castron și lăsați-le să se îmbrace.

2. Se incinge tigaia la foc mediu, se adauga painea, se amesteca, se prajeste 10 minute, se ia de pe foc, se scurge si se lasa sa stea.
3. Într-un castron, amestecați oțetul cu sare, piper și restul de ulei și amestecați bine.
4. Într-un castron de salată, amestecați castraveții cu roșiile, ceapa, usturoiul și pâinea.
5. Adăugați dressingul cu oțet, amestecați, stropiți cu busuioc, adăugați mai multă sare și piper dacă este necesar, amestecați și serviți.

Să te bucuri!

Cura de slabire: calorii 90, grăsimi 0, fibre 2, carbohidrați 2, proteine 4

Roșii și Bocconcini

Aceasta salata merge bine cu friptura la gratar!

Timp de preparare: 6 minute.
Timp de preparare: 0 minute.
Porții: 4

Ingrediente:

- 20 uncii de roșii, feliate
- 2 linguri ulei de masline extravirgin
- 1 și jumătate de linguriță de oțet balsamic
- 1 lingurita de stevia
- 1 catel de usturoi, tocat marunt
- 8 uncii baby bocconcini, scurse și rupte
- 1 cana frunze de busuioc tocate
- Sare si piper negru dupa gust

Adrese:

1. Amesteca stevia cu otet, usturoi, ulei, sare si piper intr-un bol si bate bine.
2. Într-un bol de salată, amestecați bocconcini cu roșia și busuioc.

3. Adăugați dressingul, amestecați și serviți imediat ca garnitură keto.

Să te bucuri!

Cura de slabire: calorii 100, grăsimi 2, fibre 2, carbohidrați 1, proteine 9

Salată de castraveți și curmale

Aceasta este o salată keto foarte sănătoasă! Încearcă-l și bucură-te de gustul ei!

Timp de preparare: 10 minute.
Timp de preparare: 0 minute.
Porții: 4

Ingrediente:

- 2 castraveți englezești, tocați
- 8 curmale, fără sâmburi și tăiate felii
- ¾ cană de fenicul tăiat subțire
- 2 linguri de arpagic tocat marunt
- ½ ceasca de nuci tocate
- 2 linguri de suc de lamaie
- 4 linguri de ulei de măsline fructat
- Sare si piper negru dupa gust

Adrese:

1. Puneți bucățile de castraveți pe un prosop de hârtie, apăsați bine și transferați într-un bol de salată.
2. Se zdrobește puțin cu o furculiță.

3. Adăugați curmalele, feniculul, arpagicul și nucile și amestecați ușor.
4. Se adauga sare, piper dupa gust, zeama de lamaie si ulei, se amesteca si se serveste imediat.

Să te bucuri!

Cura de slabire: calorii 80, grăsimi 0,2, fibre 1, carbohidrați 0,4, proteine 5

O salată simplă de vinete

O idee bună pentru o garnitură uşoară keto!

Timp de preparare: 10 minute.

Timp de preparare: 10 minute.

Porţii: 4

Ingrediente:

- 1 vinete taiata in felii
- 1 cap de ceapa rosie taiata felii
- Puţin ulei de canola
- 1 avocado, fără sâmburi şi tocat
- 1 lingurita de mustar
- 1 lingura de otet balsamic
- 1 lingură de oregano proaspăt tocat
- Puţin ulei de măsline
- Sare si piper negru dupa gust
- Zest de 1 lămâie
- Câteva fire de pătrunjel tocat pentru a servi

Adrese:

1. Ungeți feliile de ceapă roșie și feliile de vinete cu puțin ulei de canola, puneți-le pe un grătar încins și gătiți până se înmoaie.
2. Transferați-le pe o masă de tăiat, lăsați-le să se răcească, tocați-le și puneți-le într-un bol.
3. Adăugați avocado și amestecați ușor.
4. Într-un castron, amestecați oțetul cu muștarul, oregano, uleiul de măsline, sare și piper după gust.
5. Adăugați asta la amestecul de vinete, avocado și ceapă, amestecați, adăugați deasupra coaja de lămâie și pătrunjelul și serviți.

Să te bucuri!

Cura de slabire: calorii 120, grăsimi 3, fibre 2, carbohidrați 1, proteine 8

Salată specială

Ne place foarte mult această salată în stil italian!

Timp de pregatire: 2 ore si 10 minute
Timp de gătit: 1 oră și 30 de minute
Porții: 12

Ingrediente:

- 1 cățel de usturoi zdrobit
- 6 vinete
- 1 lingurita de patrunjel uscat
- 1 lingurita de oregano uscat
- ¼ linguriță de busuioc uscat
- 3 linguri ulei de masline extravirgin
- 2 linguri de stevia
- 1 lingura de otet balsamic
- Sare si piper negru dupa gust

Adrese:

1. Înțepați vinetele cu o furculiță, puneți-le pe o foaie de copt, puneți la cuptor la 350 de grade F, coaceți timp de 1 oră și 30 de minute, scoateți din cuptor, lăsați să se

răcească, curăţaţi, tocaţi şi transferaţi într-un bol de salată.
2. Se adauga usturoiul, uleiul, patrunjel, stevia, oregano, busuioc, sare si piper dupa gust, se amesteca, se lasa la frigider 2 ore, apoi se serveste.

Să te bucuri!

Cura de slabire: calorii 150, grăsimi 1, fibre 2, carbohidraţi 1, proteine 8

Salata speciala de andive si nasturel

Este o garnitură atât de proaspătă pentru a merge cu o friptură keto la grătar!

Timp de preparare: 10 minute.
Timp de preparare: 5 minute.
Porții: 4

Ingrediente:

- 4 andive de dimensiuni medii, tăiate rădăcina și vârfurile și tăiate în cruce în felii subțiri
- 1 lingura de suc de lamaie
- 1 șalotă tocată mărunt
- 1 lingura de otet balsamic
- 2 linguri ulei de masline extravirgin
- 6 linguri de smântână groasă
- Sare si piper negru dupa gust
- 4 uncii de nasturel, tăiat în bucăți medii
- 1 măr feliat subțire
- 1 lingura de usturoi tocat
- 1 lingura tarhon tocat
- 1 lingura de arpagic tocat
- 1/3 cana migdale tocate

- 1 lingura de patrunjel tocat

Adrese:

1. Într-un bol, amestecați sucul de lămâie cu oțetul, sarea și ceașopa, amestecați și lăsați timp de 10 minute.
2. Adăugați ulei de măsline, piper, amestecați și lăsați încă 2 minute.
3. Puneti andivele, marul, nasturelul, arpagicul, tarhonul, patrunjelul si usturoiul intr-un castron de salata.
4. Adăugați sare și piper după gust și amestecați.
5. Se adauga smantana si vinegreta, se amesteca usor si se serveste drept garnitura cu migdale deasupra.

Să te bucuri!

Cura de slabire:calorii 200, grăsimi 3, fibre 5, carbohidrați 2, proteine 10

Salată indiană pe lângă

Este foarte sănătos și delicios!

Timp de preparare: 15 minute.

Timp de preparare: 0 minute.

Porții: 6

Ingrediente:

- 3 morcovi rasi fin
- 2 dovlecei, tăiați mărunt
- O grămadă de ridichi tocate mărunt
- ½ ceapa rosie tocata
- 6 frunze de menta, tocate

Pentru sos de salata:

- 1 lingurita de mustar
- 1 lingura de maioneza de casa
- 1 lingura de otet balsamic
- 2 linguri ulei de masline extravirgin
- Sare si piper negru dupa gust

Adrese:

1. Într-un castron, amestecați muștarul cu maioneza, oțetul, sare și piper după gust și amestecați bine.

2. Adăugați ulei puțin câte puțin și bateți totul.
3. Într-un castron de salată, amestecați morcovii cu ridichile, dovleceii și frunzele de mentă.
4. Adăugați sos pentru salată, amestecați și lăsați la frigider până la servire.

Să te bucuri!

Cura de slabire: calorii 140, grăsimi 1, fibre 2, carbohidrați 1, proteine 7

Chutney de mentă indiană

Are o culoare şi un gust unic! Este un plus special pentru orice friptură!

Timp de preparare: 10 minute.

Timp de preparare: 0 minute.

Porții: 8

Ingrediente:

- 1 cană şi jumătate de frunze de mentă
- 1 buchet mare de coriandru
- Sare si piper negru dupa gust
- 1 ardei iute verde, fără seminţe
- 1 ceapă galbenă, tăiată în bucăţi medii
- ¼ cană de apă
- 1 lingura suc de tamarind

Adrese:

1. Puneți menta şi frunzele de coriandru într-un robot de bucătărie şi amestecați-le.
2. Adăugaţi ardei iute, sare, piper negru, ceapă şi pasta de tamarind şi amestecaţi din nou.

3. Adăugați apă, mai amestecați puțin până devine cremoasă, transferați într-un bol și serviți ca garnitură la o friptură delicioasă keto.

Să te bucuri!

Cura de slabire: calorii 100, grăsimi 1, fibre 1, carbohidrați 0,4, proteine 6

Chutney indian de nucă de cocos

Este perfect pentru un preparat keto elegant în stil indian!

Timp de preparare: 5 minute.

Timp de preparare: 5 minute.

Porții: 3

Ingrediente:

- ½ lingurita de chimion
- ½ cană de nucă de cocos rasă
- 2 linguri de chana dal prăjit
- 2 ardei iute verzi
- Adăugați sare după gust
- 1 catel de usturoi
- ¾ de lingură de ulei de avocado
- ¼ linguriță de semințe de muștar
- Strângeți balamaua
- ½ linguriță urad dal
- 1 ardei iute roșu tocat
- 1 frunză de curry de primăvară

Adrese:

1. Într-un robot de bucătărie, combinați nuca de cocos cu sare după gust, chimen, usturoi, chana dal și ardei iute verde și amestecați bine.
2. Adăugați puțină apă și amestecați din nou.
3. Se încălzește o tigaie cu ulei la foc mediu, se adaugă ardei iute roșu, urad dal, semințele de muștar, hing și frunzele de curry, se amestecă și se fierbe timp de 2-3 minute.
4. Adăugați-l în chutney de nucă de cocos, amestecați ușor și serviți ca garnitură.

Să te bucuri!

Cura de slabire: calorii 90, grăsimi 1, fibre 1, carbohidrați 1, proteine 6

Chutney ușor de tamarind

Este dulce și perfect echilibrat! Aceasta este una dintre cele mai bune părți ale consumului keto!

Timp de preparare: 10 minute.
Timp de gătire: 35 minute.
Porții: 10

Ingrediente:

- 1 lingurita de seminte de chimen
- 1 lingura ulei de rapita
- ½ linguriță garam masala
- ½ linguriță de pudră de asafetida
- 1 lingurita de ghimbir macinat
- ½ linguriță de semințe de fenicul
- ½ lingurita piper cayenne
- 1 și ¼ de cană de zahăr de cocos
- 2 căni de apă
- 3 linguri de pasta de tamarind

Adrese:

1. Se încălzește o tigaie cu ulei la foc mediu, se adaugă ghimbir, chimen, ardei cayenne, praf de asafoetida,

semințe de fenicul și garam masala, se amestecă și se fierbe timp de 2 minute.
2. Adăugați apă, zahăr și pasta de tamarind, amestecați, aduceți la fierbere, reduceți căldura și gătiți chutney timp de 30 de minute.
3. Transferați într-un castron și lăsați să se răcească înainte de a servi ca garnitură pentru friptură.

Să te bucuri!

Cura de slabire: calorii 120, grăsimi 1, fibre 3, carbohidrați 5, proteine 9

Ardei caramelizat

O mâncare de porc keto va fi mult mai bună cu această garnitură!

Timp de preparare: 10 minute.

Timp de preparare: 32 minute.

Porții: 4

Ingrediente:

- 1 lingura de ulei de masline
- 1 lingurita de ghee
- 2 ardei rosii taiati fasii subtiri
- Tăiați 2 capete de ceapă roșie în fâșii subțiri
- Sare si piper negru dupa gust
- 1 lingurita busuioc uscat

Adrese:

1. Se încălzește o tigaie cu ghee și ulei la foc mediu, se adaugă ceapa și ardei, se amestecă și se fierbe timp de 2 minute.
2. Reduceți focul și gătiți încă 30 de minute, amestecând des.
3. Adăugați sare, piper și busuioc, amestecați din nou, luați de pe foc și serviți ca garnitură keto.

Să te bucuri!

Cura de slabire: calorii 97, grăsimi 4, fibre 2, carbohidrați 6, proteine 2

Chard caramelizat

Aceasta este o parte ușoară pentru farfurie!

Timp de preparare: 10 minute.

Timp de preparare: 20 de minute.

Porții: 4

Ingrediente:

- 2 linguri de ulei de măsline
- 1 ceapa galbena tocata
- 2 linguri de capere
- Suc de 1 lămâie
- Sare si piper negru dupa gust
- 1 lingurita zahar de palmier
- 1 legătură de mătg roșu tocat
- ¼ cană măsline Kalamata, fără sâmburi și tocate

Adrese:

1. Se incinge o tigaie cu ulei la foc mediu, se adauga ceapa, se amesteca si se caleste 4 minute.
2. Adăugați zahărul de palmier și amestecați bine.
3. Adăugați măsline și smog, amestecați și gătiți încă 10 minute.

4. Adăugați capere, zeama de lămâie, sare și piper, amestecați și gătiți încă 3 minute.
5. Împărțiți între farfurii și serviți ca garnitură keto.

Să te bucuri!

Cura de slabire: calorii 119, grăsimi 7, fibre 3, carbohidrați 7, proteine 2

O garnitură specială de vară de kale

Acesta este perfect ca garnitură keto pentru distracția de vară!

Timp de preparare: 10 minute.
Timp de preparare: 45 minute.
Porții: 4

Ingrediente:

- 2 căni de apă
- 1 lingura de otet balsamic
- 1/3 cană de migdale prăjite
- 3 catei de usturoi, tocati
- 1 grămadă de kale aburită și tocată
- 1 cap mic de ceapa galbena, tocata
- 2 linguri de ulei de măsline

Adrese:

1. Se incinge o tigaie cu ulei la foc mediu, se adauga ceapa, se amesteca si se caleste 10 minute.
2. Adăugați usturoiul, amestecați și gătiți timp de 1 minut.
3. Adăugați apă și kale, acoperiți oala și gătiți timp de 30 de minute.

4. Adăugați sare, piper, oțet balsamic și migdale, amestecați, împărțiți pe farfurii și serviți ca garnitură. Să te bucuri!

Cura de slabire: calorii 170, grăsimi 11, fibre 3, carbohidrați 7, proteine 7

Uimitoare salată de varză

Salatele de varza sunt foarte faimoase! Astăzi vă recomandăm ketogenic!

Timp de preparare: 10 minute.
Timp de preparare: 0 minute.
Porții: 4

Ingrediente:

- 1 varză verde mică, tocată
- Sare si piper negru dupa gust
- 6 linguri de maioneza
- Sare si piper negru dupa gust
- 1 praf de seminte de fenicul
- Suc de ½ lămâie
- 1 lingura de mustar de Dijon

Adrese:

1. Intr-un bol amestecam varza cu sarea si zeama de lamaie, amestecam bine si lasam sa stea 10 minute.
2. Apăsați bine varza, adăugați mai multă sare și piper, semințe de fenicul, maioneza și muștar.
3. Se amestecă și se servește.

Să te bucuri!

Cura de slabire: calorii 150, grăsimi 3, fibre 2, carbohidrați 2, proteine 7

Varză simplă prăjită

Varza este o legumă atât de versatilă! Încercați această garnitură uimitoare cât mai curând posibil!

Timp de preparare: 10 minute.
Timp de preparare: 15 minute.
Porții: 4

Ingrediente:

- 1 ½ kilograme de varză verde, tocată
- Sare si piper negru dupa gust
- 3,5 uncii de ghee
- Un praf de boia dulce

Adrese:

1. Încinge o tigaie cu ghee la foc mediu.
2. Adăugați varza și gătiți timp de 15 minute, amestecând des.
3. Adăugați sare, piper și boia de ardei, amestecați, gătiți încă 1 minut, împărțiți în farfurii și serviți.

Să te bucuri!

Cura de slabire: calorii 200, grăsimi 4, fibre 2, carbohidrați 3, proteine 7

Fasole verde delicioasă și avocado

Servește asta cu un preparat delicios de pește!

Timp de preparare: 10 minute.

Timp de preparare: 5 minute.

Porții: 4

Ingrediente:

- 2/3 kilograme de fasole verde, tocata
- Sare si piper negru dupa gust
- 3 linguri de ulei de măsline
- 2 avocado, decojite și fără sâmburi
- 5 arpagic tocat
- O mână de coriandru tocat

Adrese:

1. Se incinge o tigaie cu ulei la foc mediu, se adauga fasole verde, se amesteca si se fierbe 4 minute.
2. Se condimentează cu sare și piper, se amestecă, se ia de pe foc și se transferă într-un bol.
3. Într-un alt castron, amestecați avocado cu sare și piper și zdrobiți-l cu o furculiță.
4. Adăugați ceapa și amestecați bine.

5. Se adaugă peste fasole verde, se amestecă şi se serveşte cu coriandru tocat deasupra.

Să te bucuri!

Cura de slabire: calorii 200, grăsimi 5, fibre 3, carbohidrați 4, proteine 6

Cartofi prajiti deliciosi cu napi

Puteți face acești cartofi prăjiți foarte repede și au un gust uimitor!

Timp de preparare: 10 minute.

Timp de preparare: 25 minute.

Porții: 4

Ingrediente:

- 2 kilograme de sfeclă, decojită și tăiată în bețișoare
- Adăugați sare după gust
- ¼ cană de ulei de măsline

Pentru amestecul de condimente:

- 2 linguri de pudră de chili
- 1 lingurita de praf de usturoi
- ½ linguriță de oregano uscat
- 1 și ½ linguriță de praf de ceapă
- 1 și ½ linguriță de chimen măcinat

Adrese:

1. Într-un castron, amestecați pudra de chili cu ceapa și un cățel de usturoi, chimenul și oregano și amestecați bine.
2. Adaugati batoanele de pastarnac, frecati bine si aranjati intr-o tava tapetata.

3. Asezonați cu sare, stropiți cu ulei, amestecați pentru a se acoperi bine și coaceți în cuptorul la 350 de grade F timp de 25 de minute.
4. Lăsați păstârnacul să se răcească ușor înainte de a-l servi ca garnitură keto.

Să te bucuri!

Cura de slabire: calorii 140, grăsimi 2, fibre 1, carbohidrați 1, proteine 6

O garnitură irlandeză fantastică

Acesta este atât de uimitor și de proaspăt!

Timp de preparare: 10 minute.

Timp de preparare: 15 minute.

Porții: 6

Ingrediente:

- 1 cană frunze de spanac
- 3 căni de buchețe de conopidă
- ¼ cană smântână
- 4 linguri de ghee
- Sare si piper negru dupa gust
- ½ cană de smântână
- 1 avocado, decojit și devenat

Adrese:

1. Într-un castron termorezistent, combinați spanacul cu buchețelele de conopidă, cuptorul cu microunde și gătiți timp de 15 minute.
2. Se zdrobește avocado cu o furculiță și se adaugă la amestecul de spanac.

3. De asemenea, adăugați sare, piper, smântână, ghee și smântână și amestecați cu un blender de imersie.
4. Transferați în farfurii și serviți cu friptura.

Să te bucuri!

Cura de slabire: calorii 190, grăsimi 16, fibre 7, carbohidrați 3, proteine 5

Dovlecel copt de două ori

Servește asta cu un preparat de miel și bucură-te!

Timp de preparare: 10 minute.
Timp de preparare: 30 minute.
Porții: 4

Ingrediente:

- Tăiați 2 dovlecei în jumătate și tăiați fiecare jumătate în jumătate pe lungime
- ¼ cană ceapă galbenă tocată
- ½ cană brânză cheddar, rasă
- 4 fasii de bacon, fierte si maruntite
- ¼ cană de smântână
- 2 uncii de brânză cremă, moale
- 1 lingura de ardei jalapeno tocat
- Sare si piper negru dupa gust
- 2 linguri de ghee

Adrese:

1. Scoateți interiorul dovleceilor, puneți carnea într-un castron și puneți paharele de dovlecei într-o tavă de copt.

2. Adaugati ceapa, branza cheddar, bacon maruntit, jalapeño, sare, piper, smantana, crema de branza si ghee intr-un castron.
3. Bateți bine, umpleți sferturile de dovleac cu acest amestec, introduceți la cuptor la 350 de grade F și coaceți timp de 30 de minute.
4. Împărțiți dovleceii în farfurii și serviți cu niște cotlete de miel în lateral.

Să te bucuri!

Cura de slabire: calorii 260, grăsimi 22, fibre 4, carbohidrați 3, proteine 10

sos delicios

Această baie ceto nu este din lumea asta!

Timp de preparare: 10 minute.

Timp de preparare: 10 minute.

Porții: 4

Ingrediente:

- 4 uncii de cârnați tocați
- Sare si piper negru dupa gust
- 1 cană smântână groasă
- 2 linguri de ghee
- ½ linguriță de gumă guar

Adrese:

1. Se încălzește tigaia la foc mediu, se adaugă bucățile de cârnați, se amestecă, se fierbe timp de 4 minute și se transferă pe o farfurie.
2. Punem tigaia la foc mediu, adaugam ghee-ul si topim.
3. Se adauga smantana, sare, piper si guma guar, se amesteca si se fierbe pana incepe sa se ingroase.
4. Întoarceți cârnații în tigaie, amestecați bine, luați de pe foc și stropiți peste delicioasa friptură keto.

Să te bucuri!

Cura de slabire: calorii 345, grăsimi 34, fibre 0, carbohidrați 2, proteine 4

Pilaf de ciuperci și cânepă

Este o garnitura foarte interesanta si gustoasa!

Timp de preparare: 10 minute.

Timp de preparare: 20 de minute.

Porții: 4

Ingrediente:

- 2 linguri de ghee
- ¼ cană migdale feliate
- 3 ciuperci, tocate
- 1 cană de semințe de cânepă
- Sare si piper negru dupa gust
- ½ linguriță de pudră de usturoi
- ½ cană supă de pui
- ¼ lingurita de patrunjel uscat

Adrese:

1. Se încălzește o tigaie cu ghee la foc mediu, se adaugă migdale și ciupercile, se amestecă și se fierbe timp de 4 minute.
2. Adăugați semințele de cânepă și amestecați.

3. Se adaugă sare, piper, pătrunjel, praf de usturoi și bulion, se amestecă, se reduce focul, se acoperă tigaia și se fierbe până se absoarbe bulionul.
4. Împărțiți în farfurii și serviți ca garnitură.

Să te bucuri!

Cura de slabire: calorii 324, grăsimi 24, fibre 15, carbohidrați 2, proteine 15

Salata asiatica

Are un gust grozav și uimitor! Se potrivește perfect cu niște creveți keto!

Timp de preparare: 30 minute.
Timp de preparare: 10 minute.
Porții: 4

Ingrediente:

- 1 castravete mare, tăiat în felii subțiri
- 1 ceapa tocata
- 2 linguri de ulei de cocos
- 1 pachet de taitei asiatici
- 1 lingura de otet balsamic
- 1 lingura ulei de susan
- ¼ de linguriță fulgi de ardei roșu
- Sare si piper negru dupa gust
- 1 lingurita de susan

Adrese:

1. Gătiți tăițeii conform instrucțiunilor de pe ambalaj, scurgeți și clătiți bine.

2. Se incinge o tigaie cu ulei de cocos la foc mediu, se adauga taiteii, se acopera tigaia si se prajesc 5 minute pana sunt suficient de crocante.
3. Transferați-le pe prosoape de hârtie și scurgeți grăsimea.
4. Într-un bol, amestecați felii de castraveți cu ceai, boia de ardei, oțet, ulei de susan, semințe de susan, sare, piper și tăiței.
5. Se amestecă pentru a se acoperi bine, se dă la frigider pentru 30 de minute și se servește ca garnitură cu creveți la grătar.

Să te bucuri!

Cura de slabire: calorii 400, grăsimi 34, fibre 2, carbohidrați 4, proteine 2